한 손으로 치는 손뼉소리

황 명 찬

새미

책머리에서

지금까지 살아온 나의 인생을 돌아보면 젊었을 때는 열심히 산다고 너무나 허둥대며 살았다.

그러다 나이가 들어서야 이게 아닌데 하는 생각에 가급적이면 마음의 여유를 갖고 살려고 한다.

지금 돌이켜 보면 지난 철없던 시절, 남의 마음을 아프게 한 때도 있었고 또 길 아닌 길을 가면서 상처도 많이 받았었다.

이 글은 그동안 살면서 얻은 나로서는 귀중한 체험의 소리들이다.

여행을 하면서 느낀 것들, 아침 산책길에서 떠오른 평범한 이야기들을 생각나는 대로 그때그때 적어 둔 것들이다.

나의 삶 자체가 대학에서 강의하는 평범한 것이다 보니 여기에 실린 글들도 지극히 일상적인 이야기들이다.

이 글을 한창 정리할 때는 우리 나라가 IMF사태를

맞고 휘청거릴 때였다. 그러니 몇 편의 글은 자연히 그 때의 시대 상황과 우리들의 느낌을 반영하지 않을 수 없었다.

많은 이들이 일자리를 잃고 생계를 걱정하며 사는 요즘 우리 모두가 당면한 이 고통은 많은 부분이 물질적 결핍에서 오는 것이지만 다 그런 것은 아니다.

오히려 고통의 근원에는 항상 우리들의 마음이 문제로 자리 잡고 있다. 우리들의 마음, 우리 사회의 마음을 바로 세우지 않고는 개인의 편안함도 얻기 어렵고 우리 사회의 성숙도 기대하기 어렵다.

이 글이 마음 아픈 이들, 그리고 마음 바르게 살려고 하는 많은 이들에게 조그마한 보탬이라도 된다면 더 이상 고마울 일이 없겠다.

이 글이 책으로 나오기까지 많은 분들의 도움이 있었다. 특히 나의 조교 이강식군은 더운 날씨에도 늘 원고를 정리하는 일로 많은 수고를 했다.

끝으로 이 변변치 않은 글을 출판해 주시는 새미 출판사 사장님과 관계자 여러분께 진심으로 감사의 말씀을 드린다.

1999년 7월

황 명 찬

차 례

2. 한 손으로 치는 손뼉소리

3. 마음과 한마음

4. 우리들의 모습

5. 우리의 것을 소중히 사랑하자

1. 국수의 맛은 무엇인가

국수의 맛은 무엇인가
물의 일생
전기불의 화두
우리는 모두 하나
남가일몽
남잡이 제잡이
세상에 공짜는 없다
네 개만 취하시오
하심(下心)
직관(直觀)

국수의 맛은 무엇인가

어느 날 우리는 선생님을 모시고 수련장 근처 잘 가는 안동 국시집에 가서 칼국수를 먹게 되었다. 특히 선생님과 나는 그집 칼국수를 정말 좋아해서 여러 사람에게 맛있다고 이야기해 주었다.

그 말을 듣고 성박사와 몇몇이 그 집에 가서 그 칼국수를 맛보고 하는 말이,

"그렇게 맛없는 칼국수는 난생 처음이다."

며 그 후에도 그 곳에 가자면 머리를 설레설레 흔들 정도였다.

이 얘기를 듣고 나는 문득 이런 의문을 갖게 되었고 그것을 통하여 한 가지 깨우침을 얻게 되었다.

과연 그 국수의 맛이란 무엇인가? 국수의 맛으로 실

재하고 객관적으로 존재하는 것은 무엇이며 그것이 과연 있는 것인가? 그것이 있다면 왜 사람마다 다른 맛을 느끼게 되는가?

그 국수가 맛있는 것이라면 누구나 다 맛있게 느껴야 할 것이고, 맛이 없는 것이라면 누구에게나 다 그래야 하건만 실제로는 각인각색(各人各色)이니 말이다.

나의 제자 중에 공군장교 출신이 한 사람 있었다.

저녁 먹는 자리에서 이러한 얘기를 했더니 그 제자가,

"선생님, 무지개를 지상에서 보면 반달 모양이지만 하늘에서 보면 가락지같이 둥근 원 모양으로 보입니다."라고 말하는 것이었다.

그렇다면 무지개의 진면목은 과연 어떤 것일까, 반달 모양일까, 아니면 둥근 원 모양일까?

그러고 보니 그동안 무심히 보아왔던 주변의 모든 현상들이 다 그와 같다.

어떤 사람은 꼭 그 여자하고만 결혼하겠다고 고집한다. 그 여인이 자기에게는 제일 예쁘게 보이기 때문이다. 그러나 주변 사람들이 보기에는 그저 그런 정도밖에 안돼 보이는 경우가 참으로 많다.

그 여인의 아름다움의 실체는 무엇일까? 맛있고 맛없음, 눈으로 보는 아름다움과 추함, 귀로 듣는 음악의 좋고 나쁨, 이 모든 우리의 인식은 결국 객관적 실체가 없는 가상(假相)이요, 허상이다.

마치 허공에 핀 꽃을 보는 것과 같다.

그리하여 금강경에서 모든 현상은 허망하므로 그것을 꿈과 같고, 환영(幻影) 같고, 물거품 같고, 이슬 같고, 번갯불같이 보라고 한 것이다.

우리의 모든 인식 작용은 이른바 오관(五官)을 통하여 이루어진다. 그러나 그것으로 파악하는 것은 결코 실상이 아니니 우리의 인식이 얼마나 불확실하고 실제와 거리가 먼 것인가 알 수 있다.

티모티 페리스(Timothy Ferris)란 미국의 과학자는 <은하 시대의 도래(Coming of Age in the Milky Way)>라는 책에서 이렇게 말하였다.

"우리 주위의 세계에 대한 우리의 관념틀(mental pictures)은 우리의 시각적인 인식에서 얻어지는 것이다.

그러나 우리의 눈이 인식하는 세계는 미시적 스케일(microscopic scale)에서 보면 하나의 '환상(an illusion)'에 불과하다.

금덩어리는 외관상 고체의 덩어리처럼 보이지만 그것은 거의 전부 빈 공간(empty space)으로 구성되어 있다.

금의 원자들의 원자핵은 얼마나 작은지 만일 하나의 원자를 몇 천만억 배로 확대하여 원자 속의 전자 궤도가 L.A시만큼 크게 되면 원자핵은 L.A시의 도심에 세워둔 조그마한 자동차의 크기에 불과하다."

과학자의 눈에도 우리의 세계는 눈에 띄는 그대로의 실체가 아니다.

반야심경에 색수상행식(色受想行識)이 모두 공(空)이라 한 것은 바로 이러한 뜻에서이다.

사람은 육체(色)와 감수 작용(受), 생각하는 기능(想), 행하는 작용(行) 그리고 인식 작용(識)으로 구성되어 있는데, 이 모든 것이 공하다는 것이다.

흔히 공(空)을 아무 것도 없는 무(無)로 오해하는 경우가 많은데 공은 그것이 아니다.

나갈슈나(Nagarjuna)는,

"인연소생(人緣所生)을 나는 공이요 가명(假名)이요 중도(中道)라 한다."

고 말했다.

인연 따라 일어나는 이 세상의 모든 현상은 가(假)요, 공이요 또한 그렇게 보는 것이 곧 중도이다.

국수가 맛있다고 보는 것(有), 국수가 맛없다고 보는 것(無)과 같이 어떤 한 쪽에 치우친 견해(邊見)를 떠나면서(雙遮) 동시에 그것을 포용하는 것(雙照)이 중도이다.

그러므로 변견에 집착하고 사로잡히지 말라는 것이다. 변견을 취하지도 버리지도 않는 것이 중도이다.

원효스님이 당나라로 불법(佛法)을 구하려 가던 도중, 갈증이 나서 그렇게 맛있게 마셨던 간밤의 물이 아침에 깨고 보니 해골에 담긴 물이었다.

그걸 알게 된 순간 그는 구역질을 하면서 일체 모든 것은 곧 마음이 만드는 것(一切唯心造)이라는 것을 깨우치게 되었다.

그리하여 그는 당나라로 가는 것을 포기하고 다시 신라로 돌아왔다고 한다.

그것이 깨끗한 것인가? 더러운 것인가?

지난밤에는 깨끗함과 더러움의 분별(分別) 없이 그냥 마셔도 아무 탈이 없었는데 깨어서 더러운 해골을 보는 순간 구역질을 하게 된 것이다.

어떤 경전에 일수사견(一水四見)이 나온다.

같은 물이지만 물고기는 그것을 집으로 보고, 사람은 물로, 천인(天人)은 유리로 보며, 아귀는 피고름이나 불로 보아 갈증이 심해도 마시지 못한다.

우리의 일상생활은 사실 편의상 이러한 이분법적(二分法的) 관념 위에서 이루어진다. 언어 구조가 그러하고 그 위에 놓여있는 관념 구조 또한 그러하다.

"그 여자 예뻐?" 하고 물었는데 "아니" 하고 대답하면 예쁘지 않다고 생각한다.

학교 시험문제도 O, X로 대답하게 하고, 현대사회의 첨단 기술이라는 컴퓨터도 이진법(二進法)인 yes와 no로 모든 정보를 처리한다.

그러나 이러한 우리의 인식, 관념 그리고 그것을 표현하는 언어의 한계를 알고 그것에 대한 큰 집착을 버려야 실상(實相)을 볼 수 있고, 그만큼 마음과 가정의 평화 그리고 사회의 평화를 얻을 수 있다.

큰 사랑, 큰 자비는 이러한 이분법적 분별(二分法的分別)을 떠날 때만 가능한 것이다. 공(空)도 자비도 사랑도 불이문(不二門)으로만 들어갈 수 있다.

물의 일생

1997년 5월 나는 캐나다의 벤프 국립공원을 방문하여 일주일간 머물면서 콜럼비아 빙하며, 호수, 산 등 대자연의 아름다운 걸작품들을 관광한 적이 있었다.

마침 미국에 1년간 교환교수로 머물던 때였는데, 집사람이 서울에 볼일이 있어 일시 귀국하고 없는 때라 나 혼자 여행길에 올랐다.

샌디애고에서 비행기로 켈거리에 도착한 후 그 비행장에서 빌린 렌트카로 벤프에 도착하여 한 민박집에 여장을 풀었다.

그 다음날부터 자동차로 지도를 보면서 이름 있는 산과 호수, 폭포와 계곡, 사람이 거의 다니지 않는 시골

길을 답사하며 정말 한가한 시간을 보냈다.

동행한 일행이 전혀 없으니 말 할 일도 없고, 오로지 자연을 감상하는 일과 자연스레 떠오르는 상념들을 관조하는 것이 전부였다.

존스톤(Johnston) 케년의 골짜기로 흐르는 물줄기를 거슬러 올라가는 코스도 참 장관이었다.

두어 시간 가량 깊은 계곡으로 걷다보면 여러 가지 나무와 군데군데 폭포도 만나게 된다.

한참 걸으면서 '저 계곡으로 힘차게 흘러내리는 물은 어디에서 와서 어디로 가는 것일까?'하는 의문과 함께 물에 관한 재미있는 상념에 빠져들었다.

저 푸른 하늘에 두둥실 한가로이 떠가는 구름이 짙게 모여 비가 되어 내리면 산골짜기를 따라 강을 이루고, 그것이 흘러 흘러 결국 바다로 들어가면 바닷물이 된다.

히말라야같이 높은 산 위에 떨어지는 비는 눈이 되고, 눈이 쌓여 오래 지나면 빙하가 되어 서서히 흘러내리기도 한다.

그것이 산골짜기에 모여 녹으면 벤프공원에서 볼 수 있는 아름다운 루이즈 호수 같은 크고 작은 호수를 만들기도 한다.

이와 같이 물은 구름, 비, 눈, 얼음, 바다, 호수 등 여러 가지 모양과 모습으로 계속 생성과 소멸을 거듭한다.

바다와 호수의 물이 증발하여 모이면 저 푸른 하늘에 한가로이 떠가는 구름이 되고, 그것이 후에 사라지고 없으면 구름이 나고 죽은 것이라고 우리는 생각한다.

그러나 물의 성질은 결코 나고 죽는 것이 아니다. 계속 윤회하면서 그 모습과 형상을 구름, 비, 눈, 얼음, 수증기 등으로 바꿀 뿐 수성(水性)은 결코 없어지는 것이 아니고 상주불멸이다.

호수의 물을 지나가는 사슴이 먹으면 그 물은 사슴이 되고, 내가 마시면 내가 된다. 땅 속에 스며든 물기를 나무나 풀이 흡수하면 그 물은 곧 나무와 풀이 된다.

산불이 나서 그 나무와 풀이 타버리면 나무와 풀로 형태를 바꾼 물은 이번엔 불과 연기로 모습을 바꾼다.

물은 인연을 따라 그 모습을 여러 가지 모양과 형태로 바꾸어 존재할 뿐이다.

이렇게 물에 대한 상념을 하는 나는 어디에서 와서 어디로 가는 것인가? 매우 중요한 화두가 아닐 수 없다. 사람이 나서 죽는 순간까지가 생의 전부라고 할 수는 없다.

그래서 금강경(金剛經)에서 상(相)에 대한 집착을 버리고 상이 상이 아님을 알면 즉시 여래(如來)를 본다고 했다. (若見諸相非相이면 卽見如來라.)

그리고 모든 현상은 허망하므로 꿈과 같고, 환영과 같고, 물거품 같고, 이슬 같고, 번갯불같이 보라 하였다.

전기불의 화두

과학의 힘은 참으로 대단하다. 우리 인간 생활에 많은 혜택을 주고 있으니 말이다.

전기불은 에디슨이 발명했다고 한다.

발명이라기 보다는 오히려 발견했다고 해야 옳다. 그것은 무(無)에서 유(有)를 만든 것이 아니고, 유(有)에서 유(有)를 만든 것이니까 그렇다.

어쨌든 전기불이 있어 우리가 얼마나 문화적인 생활을 하는지 모른다.

우리 나라 농촌에 전기불이 들어오기 시작한 것이 60년대였고 그 이전에는 촛불이나 석유등으로 불을 밝혔다.

그러나 과학이나 전기불과 같은 발명품이 우리 인간에게 좋은 것만 주는 것은 결코 아니다. 그것이 주는 폐해도 상당히 많다. 과학의 발달로 파괴되는 지구 환경만 보아도 알 수 있는 일이다.

전기불 하니 한 가지 생각나는 일이 있다.

미국에서 포교하시는 어떤 스님은 미국의 청중들에게 선에 대하여 말씀하면서 전기불을 껐다, 켰다 했다는 이야기를 어디서 읽은 적이 있다. 재미있는 화두요, 무엇인가 깊은 뜻을 전하려 했을 것이다.

스위치를 누르면 전구에 전기불이 들어오고 이내 어두움은 사라진다.

밤에 길거리에 나가 보면 집집마다 불야성을 이루고 있다. 전구 하나 하나가 독립된 개체로서 그 존재성을 뽐내는 듯 말이다.

전구가 깨지거나, 그 안의 줄이 끊기면 전기불은 들어오지 않는다. 전기 현상에 대하여 전혀 아는 바가 없는 미개인이 볼 때 그 전구는 하나의 독립된 개체로서 존재하다 사멸하는 것이다.

그러나 전기 현상에 대한 과학적 지식을 가진 우리는 전구를 새로이 바꾸면 곧 전기불이 들어온다는 것을 알고 갈아 끼운다.

만약 전구와 연결된 전기줄을 다 거두어 버리면 모든 전구들은 전기불을 잃고 만다. 그러나 발전소의 전기를 연결하는 부위에 가면, 엄청난 전기가 발생하고 있음을 우리는 안다.

그렇지만 전쟁 때와 같이 그 발전 시설을 폭파하고 나면 이제 더 이상의 전기는 없다. 전구가 있고 전기줄이 있더라도 전기불은 없다.

그러나 과연 전기가 전부 소멸하고 없어진 것일까?

유(有)였던 전기가 무(無)로 소멸하고 만 것일까?

그렇지 않다.

전기의 성질은 이 우주에 편재해 있다. 그렇기 때문에 우리가 추운 겨울에 옷이나 자동차에 손길이 닿는 순간 정전기에 감전되는 것이 아닌가. 여름 장마철에 구름끼리 부딪혀서 일어나는 번개불이 곧 전기가 아니고 무엇인가.

결국 전기불은 이 우주에 편재해 있는 전기의 성질을 수력 또는 화력 발전 설비 그리고 전기줄과 전구라는 조건을 만들어서 전기불이라는 형태로 바꾸어 이용하는 것일 뿐이다.

에디슨의 전기불 발명이라는 것도 결국 유에서 유

를 이끌어낸 것이지 무에서 유를 창조한 것은 아니다.

사람이 죽는다고 하는 것도 오온(五蘊)이란 육신이 허물어지는 것일 뿐 사실은 죽는 것이 아니다. 그 주인공인 불성(佛性)은 상주불멸한다.

우리는 모두 하나

아주 오래 전 진해 육군대학에서 졸병으로 근무할 당시, 나를 무척이나 아껴주던 윤소령이란 장교 한 분이 계셨다.

졸병인 나를 어떻게 잘 보았는지 한가한 때 가끔 나와 이런 저런 재미있는 이야기를 나누게 되었다.

그러던 어느 날 상당히 철학적인 질문과 함께 자기 생각을 이야기하는 것이었다.

"황일병, 이 세상 모든 것은 결국 순환하고 있다네.

우리가 먹는 밥이나 김치도 결국 알고 보면 사람의 똥, 오줌, 이슬, 비, 햇빛 뭐 이런 것을 먹고 자란 것이 아닌가.

그리고 그것을 먹고사는 우리도 죽으면 다시 썩어서 풀과 나무의 자양분이 되니 말일세."

그때 60년대 초만 해도 농작물을 재배할 때 인분을 비료로 많이 쓰던 때였으니 우리가 맛있게 먹는 무, 배추김치나 쌀밥도 그러한 인분을 먹고 자란 것이었다.

깨끗한 것은 결국 더러운 것을 먹고 자란 것이다.

그 당시만 해도 나는 20대의 젊은 나이라 그런 생각은 별로 해보지 않았었다.

어떻게 하면 고통스러운 군생활을 좀 편하게 할까만을 생각하고 있던 나에게 그것은 그렇게 중요한 문제도 아니었고, 일상생활에 아무런 관련도 없는 너무나 철학적인 명제같이 여겨졌다.

그러나 점점 나이가 들면서 그때 윤소령님의 말씀은 참으로 의미 있는 가르침이란 것을 깨닫게 되었다.

어느 날 아침 식탁에 앉아 아침을 먹으면서 나는 느닷없이 막내 딸 상화에게 이런 엉뚱한 질문을 했다.

"지금 우리가 먹고 있는 이 멸치가 죽은 것이냐 살아 있는 것이냐?"

여담이지만 멸치 볶음은 우리 집사람이 자랑해 마지않는 메뉴의 하나이고, 또 우리 집 식구는 물론 이웃들이 인정해 주는 단골 밑반찬이다.

상화의 답변은,

"그거야 물론 죽은 것이지요."

였다.

"그래. 그게 죽은 멸치라는 것은 통상적 의미에서는 맞는 말이지만 엄밀한 의미로 보면 틀린 것이란다."

고 나는 말했다.

그 죽은 멸치가 정말로 생명이 없는 것이라면 어떻게 우리가 먹고 나서 살아 있는 생명체인 우리 몸이 되는가? 살아 있는 뼈도 되고 살도 되고 피도 되니 말이다.

사람이 죽으면 시체는 썩어서 다시 구성 원소로 환원하고 그것을 식물 등이 흡수한다.

풀이 되기도 하고 또 그것을 소나 염소가 먹으면 소나 염소가 되고 다시 사람이 먹으면 사람이 된다.

시체를 곤충이 파먹으면 곤충이 되고 여우가 파먹으면 여우가 될 것이다.

언젠가 읽은 분자생물학에 관한 글에서 생명체의 기본이 되는 DNA 구조를 분석해 보면 생명의 기본 구조는 모든 생명체에 공통적이라는 것을 본 적이 있다.

이 우주에 존재하는 모든 것은 가장 기본적인 수준에서 보면 다 하나이며 같은 것이다.

즉, 동체 대비(同體大悲)란 것이다. 모든 것이 한 몸이니 다 불쌍히 여기는 큰마음을 가져야 한다는 것이다.

월남의 틱나트한 스님은,

"종이 한 장이 곧 우주 전체이다."

라고 하셨다.

그 종이 속에는 나무, 물, 태양, 사람의 땀, 바람, 동물의 똥이며 오줌 등이 다 모여 있다.

그러니 종이 한 장이 곧 우주 전체이다. 먼지가 곧 우주요, 우주가 작은 먼지와 다르지 않다.

삶과 죽음, 안과 밖, 주관과 객관 또는 너와 나, 길고 짧은 것, 이 모든 것은 우리가 편의상 구분한 것에 불과하고 본질이 그러한 것은 아니다.

남가일몽

장자가 꿈에 나비가 되었다.

나비가 꿈 속에서 장자가 된 것인지 장자가 나비가 된 것인지 잘 모르겠더란다.

간밤에 꾼 꿈은 아침이 되면 기억이 희미하여 몇 가지 사건밖에는 기억이 없다.

지금 내 나이 60이 넘어서 지난날들을 회고해 보면 간밤의 꿈과 같다.

90세 되신 우리 어머님은 어린 시절의 내 모습이 생각나지 않으신다고 안타까워하신다.

그리고 보니 나도 어머님의 젊은 날의 모습이 간밤의 꿈 속 여인의 모습같이 아련하고 희미하다.

학교 가기 전 어린 시절과 초등학교 시절의 기억도 단편적인 사건과 사람만이 문득 희미하게 기억될 뿐이다.

일본의 어떤 선사는 이승을 떠나면서,

“인생은 꿈이다.”

라는 한마디를 남겼다.

모두 남가일몽이다.

우리가 보는 세상은 사실 우리의 의식에 비친 모습을 의식이 보는 것이다. 거울에 비친 모습을 보는 것과 같다.

이것은 잘 이해하기 어렵다. 내가 보는 것은 모든 것이 확실히 외계에 실존하는데 왜 허상이니 환이니 하느냐 말이다.

그러나 외계에 실재한다는 것은 우리 의식에 비친 것을 의식이 본 것일 뿐이다.

그러면 비친 그 무엇은 또 무엇인가 라는 의문을 제기할 수 있다.

그것 역시 의식이 만든 것이다. 이것이 불교 유식파(唯識派)의 주장이다.

국수의 맛에서 말한 바와 같이 객관적이고도 실재하

는 국수의 맛이 있다면 왜 나는 맛있는데 다른 이는 맛없다고 하는가. 그리고 엊그제까지 맛있던 국수가 갑자기 맛이 없는가.

우리의 인식작용은 보고, 듣고, 접촉하고, 맛보고, 냄새맡고 하는 이른바 우리의 감각 기관들을 통하여 들어오는 것에 의존한다고 과학에서는 말하지만 유식파의 입장은 그렇게 보지 않는다.

보는 것도 보이는 것도 다 식(識)일 뿐이다.

그러한 점에서 이 세상이란 우리 의식이 만든 것일 뿐이다. 화공(畵工)이 캔버스 위에 그림 그리듯이 식이 그려 놓은 것이다.

그러니 꿈이다.

우리 대학의 허만형 교수는 얼마전 사이버 스페이스, 즉 가상 현실(virtual reality)을 소재로 소설을 써서 발표하였다.

영어로 virtual reality를 가상 현실이라 번역하고 있으나 글자 그대로 풀이하면 '사실상의 현실'이다. 거의 현실과 다름없는 현실을 의미한다.

최첨단 정보 통신기술의 발달로 가상으로 인간이 만든 현실이 실제 현실과 거의 같아 어떤 것이 진짜 현실인지 구분할 수 없다.

어떤 방에 들어가서 헤드기어를 머리에 쓰고 손에 장갑을 끼면 컴퓨터를 이용하여 만든 가상 현실이 나타난다.

주인공은 자기의 실제 애인보다 더 완벽한 애인을 만들어 놓고 그와 대화도 하고 애무도 하며 사랑에 빠진다.

진짜 애인도 마지막에는 그 가상의 애인에 대하여 질투하게 된다.

주인공의 의사 친구는 주인공이 가상 현실과 실제 현실을 혼동하면서 정신이상 증세를 보이는 것을 알고 걱정하며 그를 돕는다는 이야기이다.

실제로 미국에서는 이러한 가상 현실을 군사 분야, 사회 문화, 생활 분야에 많이 이용하기 시작했다.

특히 섹스산업 같은 데서 그 이용성이 높을 것이라 한다.

나는 허 교수의 소설을 읽고 그것이 시사하는 바가 많다고 느꼈다.

선사들은 우리 중생들이 보는 이 현실은 우리가 생각하듯이 진짜 현실이 아니라 꿈과 같은 현실, 일종의 가상 현실이라 한다.

그래서 빨리 꿈에서 깨듯이 깨어나야 한다고 말한다.

컴퓨터는 인간 두뇌의 작동과 그 원리가 비슷하다.

컴퓨터가 만들어내는 사이버 스페이스가 가상 현실이듯이 우리의 인식 작용이 만든 이 현실계도 일종의 가상 현실이다.

그러니 그것을 절대현실로 믿고 집착하고 죽기 살기로 싸울 필요가 없다.

도망갈 곳 없어 진땀 흘리다 깨고 보면 꿈이다.

얼마나 안도하는가.

이 답답하고 어렵고 갈등으로 가득한 이 현실을 깨고 보면 전혀 다른 실상(實相)이 나타난다.

그러나 오해하면 안된다. 이 현실이 곧 실상계다.

보는 눈은 같은 눈이지만 변견이란 색안경 없이 그대로 보는 그것만이 다를 뿐이다.

남잡이 제잡이

오래 전 어떤 책에서 읽은 이야기다.

조그만 호수에 돌을 던지면 파문이 생긴다. 그 파문은 돌이 떨어진 곳을 중심으로 하여 점점 밖으로 퍼져나간다.

그러나 일단 가장자리에 도달한 후에는 다시 출발했던 중심점으로 돌아와서 멈춘다고 한다.

어머니가 멀리 떨어져 있는 자식을 골똘히 생각하고 염려하면 그러한 생각과 염(念)의 파장은 그 자식에게 도달한다.

그것이 곧 텔레파시일 것이다.

한 직장에 있는 젊은 남녀간에는 말 한마디 안해도

서로 좋아하는 감정을 곧 알아차린다.

남을 미워하는 마음을 가지면 호수의 파장같이 상대편을 치고 다시 그 본인을 치기 때문에 남도 해치고 자기도 크게 다치게 된다.

그래서 우리 나라 속담에서도

"남잡이가 곧 제잡이"

라 한 것이다.

심인성(心因性)병에 관해 연구가 깊은 황준식 박사는 내게,

"개나 소를 나무에 매어 놓고 도살하는 곳 주변에는 나무들이 잘 자라지 않는다."

고 말했다.

도살되는 가축들이 죽는 순간 품어내는 독한 기운 때문이라고 했다.

남을 사랑하는 마음은 다시 따뜻한 마음으로 자기에게 돌아오니 기분 좋은 일이다.

나는 남에게 늘 자비로 대하는데 남이 나에게 악한 마음으로 대하면 어찌될까 하고 질문을 하자 우리 선생님은 그것은 자기에게는 아무런 해를 주지 않지만 상대

편에게는 그것의 배가 되어 돌아온다고 말씀하셨다.

자꾸 자기를 욕하는 사람을 어떻게 하면 좋을까 하고 한 제자가 묻자 부처님은,

"누가 네게 차려준 밥상을 네가 먹지 않으면 그것이 누구의 것이 되느냐?"

고 되물으시면서 그것은 결국 밥을 차려준 사람의 것으로 되돌아간다는 것을 일깨워 주셨다.

눈에 보이지 않는 염파(念波)는 참으로 위력적이다. 좋게 쓰면 우리 모두에게 이롭지만 나쁘게 쓰면 많은 이들과 자기를 해치는 무서운 힘이 된다.

그래서 남을 죽이는 것이 곧 자기를 죽이는 길이요, 남을 살리는 것이 곧 자기를 살리는 길이다.

요즘 텔레비전에서 기공술하는 분들이 나와 여러 가지 불가사의한 묘기를 가끔 보여준다.

그런 기의 현상들은 과학으로는 설명할 수 없는 것이지만 눈 밝은 도사들에게는 조금도 신기한 일이 아니다.

손짓만 하여도 사람이 넘어가고 부채로 부치기만 해도 넘어간다.

예전에 권투를 좀 배운 적이 있던 박회장은 우리 선생님에게 원 투 스트레이트를 뻗었지만 선생님이 가볍

게 손가락 하나로 그의 주먹을 건드리자 그대로 나둥그러졌다.

지난번 서울의 삼풍백화점이 붕괴됐을 때 많은 분들이 매몰되는 가슴 아픈 참사가 있었다.

그때 오랫동안 단전호흡 수련을 한 모 지방대학의 교수 한 분이 매몰된 생존자의 위치를 알려주어 구했다는 보도가 있었다.

일체유심조(一切唯心造)란 모든 현상은 마음이 만든 것임을 의미한다. 마음먹은 대로 일이 이루어진다는 것이다.

우리 선생님은,

"운명은 우리가 만드는 대로 된다."

고 하시면서 항상 긍정적인 생각과 마음으로 살라고 강조하신다.

일을 그릇된 방향으로 생각하면 곧 그러한 일이 일어난다.

실제로 우리 대학의 유 교수는 이런 긍정적인 사고를 실천하며 산다고 나에게 말한 적이 있다.

일본에 유학 갔을 때도 그랬고 그곳에 가서 좋은 실습장으로 갈 때도 자기가 생각한 대로 이루어졌다고 하였다.

충주에서 같이 근무했던 이학규 처장은 목사이신 그의 선친이 늘 하시던,

"인간이 생각했던 일들은 모두 실현됐다."

는 말씀을 내게 전했다.

새와 같이 날기를 희망했던 인간은 비행기를 만들었고 달에 가고 싶은 염원도 실제로 금세기에 실현하였다.

우리의 의식이 우리의 존재를 결정한다.

비열한 마음은 비열한 인간을 만들고 긍정적 사고는 적극적인 인간을 만든다.

세상에 공짜는 없다

세상에 공짜는 없다.

공짜가 없는데도 사람들은 공짜를 좋아하고 공짜를 얻으려고 애쓴다.

공직에 있으면서 업자들이 갖다주는 돈이 뇌물이든 선물이든 그것이 공짜가 아니라는 것은 갖다주는 이도 받는 이도 잘 안다.

그 벌기 어려운 돈을 왜 공짜로 선뜻 주겠는가? 그것은 무엇인가 반대 급부를 기대하고 주는 것이거나 아니면 이미 베푼 혜택에 대한 댓가일 것이다.

그러한 공돈의 댓가는 여러 가지 형태로 나타난다. 몇 년 후에 무슨 사건으로 감옥에 가던가, 공돈이 생겼다고 사치와 낭비를 하다보니 자라나는 자녀들이 잘못 된 길로 들어가서 고통받기도 한다.

아니면 본인의 건강이 나빠지던가 뭐 여러 가지 나쁜 일로 나타난다. 믿기지 않으면 주위를 잘 관찰해 보라. 그것도 끈기 있게 말이다.

부처님이 열반하시기 전에 설(說)하신 열반경에 자매 공구의 얘기도 같은 메시지를 전해 준다.

두 자매가 있는데, 매우 아름답게 생긴 언니는 복(福)을 주는 사람이고, 그의 못생긴 동생은 화(禍)를 주는 사람이다.

어느날, 어느 부잣집에 아름다운 언니가 찾아오니 주인이 아주 반갑게 맞아들였다. 그런데 곧이어 못생긴 동생이 따라 들어오는 것 아닌가.

그 주인이 말했다.

"당신은 들어오지 말고 돌아가시오"

그러자,

"나는 언니가 가는 곳에는 반드시 가야 합니다. 내가 못 들어가면 언니도 갈 수 없습니다."

하고 동생이 말했다.

그래서 결국 그 언니도 되돌아 나오고 말았다는 이

야기다.

하나의 일에 길흉화복(吉凶禍福)이 함께 있다는 말이다. 그러니 우리가 거기서 어떻게 복 하나만을 취할 수 있겠는가.

돈을 많이 벌어 부자가 되는 것은 좋은 일이기에 누구나 돈을 많이 갖고 싶어한다.

돈을 많이 갖는 것은 좋은 면만 보면 그렇지만 동시에 그 좋은 면 만큼이나 나쁜 점도 있다는 것을 알아야 한다.

그는 그 많은 재산을 지키고 늘리기 위하여 얼마나 애쓰고 고심하는가.

돈 많은 집은 자식들간이나 심지어는 부자지간(父子之間)에도 재산 때문에 싸우다 법정 투쟁까지 하는 경우를 자주 본다. 재산 때문에 결국 부자지간도 원수같이 되고 형제지간도 불목하는 예를 우리 주위에서 많이 볼 수 있다.

관직에 높이 올라간 사람, 대소 권력의 정상에 선 사람의 위세는 한 때지만 그것을 내놓고 나면 얼마나 외롭게 보내는가. 높은 권좌에 있을 때는 아첨 떠는 자들로 주위가 바쁘지만 일단 권좌에서 물러나면 처량하기 짝이 없다.

권세 좋던 시절 대원군의 사저에 늘 출입하며 아첨을 떨던 한 사람이 있었는데, 대원군이 실각하니 발길을 뚝 끊고 나타나지 않았다.

어디 그 한 사람뿐이었겠는가.

거의 모든 사람들이 그와 같은 행동을 했을 것이다.

그러다 대원군이 다시 권력을 쥐게 되자 그 자가 또 나타났다. 그를 본 대원위 대감이 큰소리로 꾸짖었다.

"네 이놈! 내가 힘없을 땐 본 척도 안 하던 놈이 무슨 낯짝으로 또 나타났는가! 괘씸한 놈 썩 물러 가렸다!"

그 자도 대단한 인물이였던지,

"대감님, 장이 서질 않는데 어떻게 옵니까?"

라고 대꾸하지 않겠는가.

자기는 권력의 장이 서는 곳만 돌아다니는 장돌뱅이임을 거리낌없이 시인한 것이다. 대원군도 껄껄 웃고 말았다는 일화는 권력자와 그 주변 인간군상들의 행태를 잘 보여주는 것이다.

구약성서 창세기 편에 보면 하나님이 창조한 에덴동산에 두 그루의 나무가 있다. 하나는 생명의 나무(tree

of life) 또 하나는 선악 지식의 나무(tree of knowledge of good and bad)가 바로 그것이다.

하나님이 최초의 인간인 아담과 이브에게 선악 지식의 나무 열매를 따먹지 말라고 했다. 그러나 뱀의 꼬임에 빠진 이브와 아담은 그 과일을 따먹고 곧 수치심이 생겨나서 그들의 치부를 나뭇잎으로 가리고, 지나가는 하나님의 소리가 들리자 숲 속으로 숨었다는 이야기다.

그것이 죄가 되어 그들은 낙원인 에덴동산에서 쫓겨나고 말았다.

그 열매를 먹음으로서 인간은 선과 악, 좋고 나쁨, 시비(是非)를 분별(分別)하게 되었고 그것은 부모를 통하여 그 후손들에게도 계속되고 오늘의 우리에게도 이어져 내려오고 있다.

우리는 좋은 것, 선(善)한 것을 취하고 나쁜 것, 악(惡)한 것은 멀리하려 하지만 과일이 좋은 것과 나쁜 것을 함께 가지고 있듯이 모든 현상은 양면을 함께 가지고 있다.

그럼에도 불구하고 좋은 것만 취하려고 하는 것은 불을 보고 달려들다 타 죽는 날파리와 같이 우매한 짓이다.

그러한 의미에서 인간의 원죄는 하나의 현상을 대립

적 시비, 선악, 호 불호(好 不好)로 분별하는 데 있다. 그리고 그러한 분별이 바로 인간 고통의 근원이다.

"우리 인생이 행복한 것이냐 또는 불행한 것이냐."

라고 물으면 인생을 제법 오래 산 사람은,

"뭐 그저 그렇지."

라고 대답할 것이다.

그것이 정답일 것이다

편익과 비용은 동일(同一)하다. 월급 이외에 100만원을 더 벌려면 그만큼 추가로 일을 더 해야 한다. 그것은 그만한 시간과 체력의 비용을 더 지불해야 얻을 수 있는 것이지 공짜로 얻어지는 것이 아니다.

우리 선생님은 이렇게 말씀하셨다.

"비록 감기를 앓아도 그만큼 얻는 게 있습니다. 그만큼 몸이 좋아지거든요."

아이들도 앓고 나면 한가지 재주가 늘고 그만큼 자란다. 득(得)이 있으면 실(失)이 있고, 실이 있으면 반드시 득이 있게 마련이다.

네 개만 취하시오

우리 주변에 사람들이 살아가는 모습을 보면 대체로 두 부류가 있다.

하나는 크게 욕심을 부리면서 그것이 채워지지 않아 허기진 사람과 같이 늘 헐떡거리며 사는 사람들이고, 다른 하나는 욕심을 적게 가지고 조그마한 것에도 늘 만족하는 사람들이다.

족함을 알고 분수껏 사는 모습은 옆에서 보기에도 늘 여유롭고 행복해 보인다.

우리 집 근처에는 국수집이 두군데 있다.

한 집에 가면 왠지 마음이 편하고 국수도 맛있다. 손님도 그리 많지도 적지도 않고 늘 알맞게 있어서 큰 돈은 못 벌지 모르지만 그 집 식구들이 마음 편하게 살 정도는 된다.

또 한 집은 왠지 시끌벅적하고 정신없다.

주인부터 무엇인가 성이 차지 않아 늘 불만스러운 얼굴빛을 하고 손님이 꽤나 있는데도 왜 더 많이 오지 않나 하고 안달이다.

처음 국수집 주인은 어떻게 인연이 되어 국수집을 하지만 그것을 자기 천직으로 생각하고 있는 반면, 두번째 국수집 주인은 국수집을 하게 된 것부터를 수치스러운 일로 여기고 빨리 돈을 벼락같이 벌어서 다른 일을 해야 할 터인데 그게 잘 안되니 매일 짜증이다.

몇 백명의 직원을 두고 있는 기관의 장을 지낸 친구가 내게 한 이야기다.

어떤 직원은 자기의 분수도 모르고 자기 차례도 아닌데 빨리 승진하려고 욕심을 부리며 여러 가지 압력을 동원하고 야단법석이다.

반면 어떤 직원은 자기 차례인데도 자기 몫을 챙기려는 욕심도 없이 무심히 일만 하고 있다.

전자는 주는 것 없이 밉고 주었던 것도 빼앗고 싶은 마음이 들게 하는데, 자기 몫도 못 챙기는 '바보' 같은 사람은 그가 챙겨주게 되더란다.

하나님이 계신다면 이와 비슷하지 않을까?

주어도 주어도 계속 더 갖길 바라고 만족할 줄 모르는 사람, 받고도 감사할 줄 모르는 사람은 주었던 것도 빼앗고 싶고, 계속 욕심을 부리니 매라도 때리고 싶을 것이다.

우리 주변에서 욕심부리다 감옥 가고, 건강 망치고, 폐가망신하는 일들은 결코 우연히 일어나는 일이 아니다.

내가 아는 집에 딸이 둘 있다.

하나는 비교적 욕심이 많고 하나는 욕심이 없다.

욕심 많은 녀석은 뭘 간절히 원해도 잘 성취되지 않는데 욕심 적은 녀석은 사람들이 이것저것 잘 챙겨주더란다.

욕심 많은 녀석은 그것이 부럽다고 한다.

그래서 그 아이는 욕심을 쓸데없이 많이 가지면 고통도 그만큼 크다는 것을 알게 되었다.

일본 사람들은 무엇인가 일이 잘 안 풀릴 때는 밥을 평소 먹던 량의 7~8할밖에 안 먹는다고 한다.

자기가 채울 수 있는 욕심을 다 채우지 않으면 그만

큼 배고픈 다른 누군가가 더 먹게 된다.

자기가 어떤 것 열 개를 몽땅 가질 수 있는데도 일곱 개만 가진다는 것은,

"많을수록 좋다."

"성취할수록 좋고 성취가 곧 미덕이다."

라고 거의 모든 사람들이 믿고 사는 현대 사회에서는 참으로 바보소리같이 들릴 것이고 실천하기도 어렵다.

그러나 진정 행복을 원하고 불행을 피하고 싶으면 그것을 해야 한다.

내가 이런 이야기를 했더니 우리 선생님은 한술 더 떠서,

"아닙니다. 열을 가질 수 있는데도 네개만 취하는 것이 좋습니다."

고 말씀하셨다.

옛날 일본의 유명한 대학 교수 한 분이 유명한 선사를 찾아갔다.

그 교수는 불교를 연구하는 사람으로 그 방면의 많은 지식을 소유한 사람이었다.

손님을 맞은 선사는 그 교수에게 차를 대접하였다. 그 선사는 손수 끓인 차를 그 교수 앞의 찻잔에 따르기

시작하였다.

그런데 그는 찻잔이 넘치는데도 계속 붓고 있었다.

그 교수는 참다못해,

"선사님, 찻잔이 넘칩니다."

고 했다.

그러자 선사는,

"이와 같습니다. 이 세상의 모든 것은 비어 있지 않으면 주어도 받을 수가 없습니다."

라고 말하더란다.

눈 밝은 선사는 그 교수가 쓸데없는 불교 지식과 알음알이로 꽉 차 있어서 무슨 얘기를 해도 수용할 수 없음을 꿰뚫어 보고 있었다.

그래서 지나침은 모자람만 못하다.

유마경에 욕심을 적게 가지고 족함을 알되 세상법을 버리지 말고(行少欲知足 而不捨世法), 위엄을 갖추고 군자의 자세를 유지하되 능히 세속과 시류를 따르라(不壞威儀 而能隨俗) 했다.

욕심을 버리라고 현실을 도피하라는 것은 아니다.

자기욕심 채우기를 삼가라는 것이지 남을 위하는 일, 중생을 구하는 일에는 오히려 큰 뜻을 가져야 한다.

그러나 남을 위하는 일도 진정 남을 위하는 것이어야 지 위장된 이기심을 채우는 것이 되어서는 아니 된다.

남을 도왔노라고 선전하고 다니는 사람 가운데 실은 위장한 에고이스트가 많다.

그 놈 배은 망덕한 놈이라고 화내는 사람은 알고 보면 그가 아닌 자기를 위해 도운 것이다. 그를 도왔노라는 생각조차 없으면 화날 일도 없다.

우리 이웃에 젊은 부부가 있었다.

그 부인은 독실한 신자인데 불우한 사람들을 돕는다고 늘 자랑하고 다녔다.

어려운 사람을 길에서 만나면 줄 수 있도록 돈을 지갑에 항상 준비하고 다닌다고 했다.

참 기특한 일이라 굉장히 좋게 보았다.

그러나 남편이 외국으로 오랫동안 출장을 간 사이에 시어머니와 크게 싸우고 시어머니를 내쫓는 것을 보고는 크게 실망한 적이 있다.

효는 모든 선행의 근본이다.

불효를 하면서 남을 돕는다고 해보았자 냄새나는 똥을 비단 보자기로 덮는 것에 불과하다.

요즘 우리 나라 경제가 어렵게 되고 먹고사는 일이

힘들게 되자 제정신을 잃고 날뛰는 사람들이 많아졌다.

얼마전 118세에 돌아가신 탄공 스님은 생전에,

"우리 나라 사람의 절반만이라도 확실히 제정신을 차리면 나라 경제가 3년 내에 회복될 터인데..."

하고 안타까워하셨다.

그분이 보기에도 우리 나라 사람들 대부분이 제정신이 아니다.

정치하는 사람들, 경제인들, 의사들, 심지어는 종교인과 교육자들까지도 많은 수가 욕심으로 눈이 뒤집혀 정신을 못 차리고 '막 가고' 있으니 참으로 안타까운 노릇이다.

아무리 어렵더라도 정신만은 잃지 말고 굳게 지켜야 한다.

IMF사태도 진작부터 기업인들이 네 개의 사업에만 손댔다면 막을 수 있었을 것이다.

그렇게 하지 못하여 수십 가지 벌려놓은 계열사들을 몇 가지로 줄이는 구조 조정을 한다고 지금에 와서야 뒤늦게 야단법석이다.

우리의 어려움도 우리의 지나친 욕심이 빚은 결과이다.

하심(下心)

우리는 우리 주변에서 기고만장하고 오만한 사람들을 가끔 만난다.

그들은 남의 눈을 의식하거나 두려워하지 않고 자기 기분 내키는 대로 행동하여 많은 사람들의 눈살을 찌푸리게 한다.

흔히 사람들이,

"주는 것 없이 밉다."

고 하는 사람들이 이 부류에 속한다.

이들은 뒤끝이 대개 안 좋다. 건강을 상하거나 높은 자리에서 쫓겨나거나 심지어는 감옥에 들어간다.

그리하여 그 오만 방자함이 여지없이 짓밟힌다.

작용이 있으면 반드시 반작용이 있다. 이것은 물리학의 법칙이며 자연의 법칙이다.

어떤 사람이 계속 기(氣)를 높이고 또 높이고 다른 이들을 업신여기며 길길이 날뛰면 자연은 그것을 자꾸자꾸 끌어내린다. 높이 오를수록 스스로 하심(下心)하지 않고 기고만장하면 주위 사람들이 자꾸자꾸 깎아내려 인위적으로 바닥을 기게 만든다.

그리하여 겸손하게 만든다.

우리는 기고만장하다 잘못되고 파멸한 사람들, 회사들 그리고 나라들의 사례를 역사에서 많이 보았다.

그래서 겸손하라는 것이다.

겸손하고 항상 하심(下心)하면 우선 건강에 좋을 뿐더러 헐뜯는 사람들이 없다.

한방에서는 수승화강(水乘火降)해야 건강에 좋다고 한다. 불기운은 아래로 내려야 건강에 좋은데 그러려면 항상 하심하고 있어야 한다.

그런데 어떤 사람들은 겉으로는 굉장히 겸손한 척하는데 속은 그게 아니다. 이런 사람들은 겉으로 오만한 사람들보다 더 나쁘다. 사람들을 욕보이는 짓이다.

보통 때는 괜찮던 사람도 갑자기 장관이 되거나 고관으로 출세하면 갑자기 사람이 달라지는 경우를 자주 본다. 어깨에 갑자기 힘이 들어가고 예전 친구들에게도 오만하게 대한다.

내가 아는 어떤 부인은 대통령의 부인과 잘 알게 되었다 하여 자기의 옛 친구들에게 이제부터는 자기에게 존댓말을 써야 한다고 하더란다. 몇 년 후 그 대통령의 임기가 끝나고 나서 그 부인의 표정이 어찌 변했을지 짐작하고도 남는다.

옛날에 어떤 선비가 관직에 나간지 얼마 안되어 벼슬이 제법 높아졌다.

그가 지방 순시를 나갔을 때 어떤 관상가가 그를 보고 앞으로 몇 살에는 어떤 벼슬에 오르고 또 몇 살 때는 더 높은 자리로 나갈 것이라고 했다.

50세 초까지 상당히 고속 승진을 하게 될 것이라 말하면서 그 이후에 대해서는 입을 꽉 다물어 버리는 것이었다.

그는 궁금하기도 하고 좀 불안하기도 했다.

그래서 그날 저녁 하룻밤 묵게 된 산사(山寺)의 큰스님에게 그 이야기를 했더니 그 스님은 다른 말은 없고 '오늘부터 내가 시키는 대로 하라'는 것이었다.

그것은 매일 퇴청하여 집에 오면 하루의 일을 반성

하고 잘못한 것과 잘한 일을 두 기둥에 표시하되 잘못한 일이 없어질 때까지 계속하라는 것이었다.

그는 불안했으므로 매일매일 큰스님이 시키는 대로 계속했다.

그러다 보니 관상가가 예언한 대로 계속 벼슬이 높이 올랐고 드디어 나이도 60이 넘어서 재상의 반열에 올랐다.

어느 날 지방 순시 길에서 옛날의 관상가를 다시 만나게 되었다. 그를 찬찬히 바라보던 관상가는 이렇게 말했다.

"아직도 당신이 살아 있습니까?

당신은 55세를 못 넘길 운명이었는데 아직 살아 있다니 참 신기하오."

어찌된 일이냐고 묻기에 큰스님과의 만남과 그 후의 자기 수행을 설명했더니 그는 다시 찬찬히 보며,

"아, 그대의 상이 변했소이다."

라고 말하면서 관상이 불여심상(觀相 不如心相)이라 하더란다. 즉 관상이 심상만 못하다.

그 재상은 눈 밝은 큰스님의 은덕을 톡톡히 보았다. 큰스님은 그 젊은 선비의 오만 방자함이며 여러 가지 심성의 문제를 곧 알아보고 그것을 고치게 해 준 것이다.

그래서 그는 살아 남고 벼슬도 높이 올라갔다.

셰익스피어는,

“성격이 곧 운명이다.”

고 말했다.

사람은 타고난 성격대로 살아간다.

남하고 다투고 시비하지 않고 못 배기는 성격의 사람은 길거리에서 얻어맞거나 칼 맞아 죽기 쉽다.

요즘같이 참을성이 없는 시대에는 특히 그렇다.

오래 전 얘기지만 어떤 젊은이가 공중 전화 박스에서 전화 독촉하다 시비가 붙어 칼 맞은 사건이 있었다. 최근에는 주차문제로 시비하다 살인한 사건도 있었다.

세 살 버릇 여든까지 간다는 속담도 있듯이 우리의 성격은 이미 전생부터 그리고 금생에 쌓아 온 업의 덩어리다.

우리 심성의 골격은 5세 전후 유아기에 이미 다 형성된다고 한다.

사람의 성격이나 심성이 전부 타고난 것은 물론 아니다. 서양의 심리학자들의 연구에 의하면 40~60%정도는 후천적으로 형성된다고 한다.

얼마나 과학적인지는 모르지만 공격적인 성격, 낙천

적인 성격 등 여러 가지 종류의 성격을 타고난 것과 길러진 것이 각각 얼마나 되는지를 조사해 보니 대체로 40~60%정도가 후천적으로 길러진다는 것이다.

그래서 성격 개조가 어렵긴 해도 전혀 불가능한 것은 결코 아니다.

여기에 교육과 자기수행의 여지가 있는 것이다. 심성을 잘 닦으면 죽을 운(運)도 넘기고 다가올 화도 막아준다.

요즘같이 어려운 때 살아남기 위해서라도 하심(下心)하여야 하지 않겠는가.

그동안 우리 나라와 우리 나라 사람들이 세계인들의 눈에 얼마나 오만 방자하게 보였을까를 생각하며 우리는 모두 크게 반성해야 한다.

직관(直觀)

어린아이들이 어른보다 더 지혜로운 때가 자주 있다.

어린아이들은 먹고 싶을 때 먹고, 먹고 싶은 만큼 먹고 더 욕심을 부리지 않는다.

자고 싶을 때 자고, 밤이 됐으니 꼭 자야겠다는 강박관념 때문에 불면증에 시달리는 일도 없다.

상한 우유라도 주면 용케도 해로운 지를 알고 단연코 먹지 않는다.

어른같이 사물을 분별하는 지능은 아직 덜 발달됐음에도 직관적으로 아는 능력이 있다.

그것은 다름 아닌 태어날 때부터 이미 가지고 있는 밝음(明)이다.

어떤 선사는 그것을 주인공이라고 부르기도 한다.

모든 것을 주인공에게 맡겨두고 별로 좋지도 않는 머리를 굴리는 근심 걱정일랑 하지 말라고 한다.

대행(大行)스님은 옛날 한창 수행할 때 산으로 들로 아무런 입을 것, 먹을 것도 준비하지 않은 채 무작정 돌아다녔는데도 굶어죽거나 얼어죽지 않았다.

한 번은 칠흑 같은 어두운 밤에 산길을 걷고 있는데 갑자기 발길이 멈춘 채 떨어지지 않더란다.

그래서 자세히 앞을 살펴보니 바로 앞에 천길 낭떠러지가 있었다.

눈으로는 아무 것도 보이지 않는 캄캄한 밤인데도 그 주인공은 직관적으로 위험을 알고 발길을 멈추게 하였다.

그 스님은 그러한 자기체험을 통하여 우리의 타산적(打算的)이고 분석적(分析的)이며 계교(計較)하는 지능보다 직관(直觀)이 훨씬 믿을 만하다는 것을 알게 되었다고 한다.

그러고 보면 우리 모두가 살아가면서 크고 작은 직관의 체험을 갖고 있다.

남녀가 만나서 결혼 상대를 고를 때라던가, 어떤 사업을 시작할 것인가, 새로이 집을 살 것인가 등 크고 작은 결정을 내릴 때 이것저것 따져보지만, 해야 할 것임에도 왠지 모르게 마음이 선뜻 내키지 않아 그만 둘 때가 있다.

우리 선생님은 직관에는 오류가 없다고 하신다.

특히 남녀가 배우자를 고를 때, 이것저것 조건을 따져서 마음이 내키지 않는 결혼을 하기보다는 외적 조건들이 별로 좋지 않음에도 불구하고 마음이 내키는 쪽을 택하는 것이 직관에 따르는 것이요, 실수가 없다고 한다.

내가 잘 아는 분들 중에 부모들이 조건이 좋은 배우자를 골라 결혼시켰음에도 실패한 분들이 있다.

조건을 중시하는 마음은 욕심이고 본원의 직관이 아니기 때문에 일을 그르친다.

본래부터 지니고 있는 밝음이 없는 것을 무명(無明)이라 한다.

밝음이 그릇된 생각이나 욕심으로 가리우면 구름으로 해가 가리우듯 밝음이 없는 무명이 된다. 그러면 직관보다는 계교가 지배하여 모든 판단을 그르친다.

나는 언제부터인가 중대한 일은 욕심에 바탕한 마음보다는 더 깊은 내면의 소리에 따르려고 하였다.

로버트 프로스트라는 미국의 시인은,

"불후의 시(詩)인지 아닌지를 알기 위하여 오래 기다렸다 그것이 살아남는지를 판단하는 것은 바보 같은 짓이다.

불후의 명시란 마치 사랑에 있어서와 마찬가지로 처음 대하는 순간 가슴에 깊은 감동의 상처를 남기는 것이다."

고 말했다.

처음 대하는 순간 가슴 깊이 큰 감명을 주는 시야말로, 처음 만나자 마자 사랑하게 되는 연인과 같은 불후의 명작이다.

2. 한 손으로 치는 손뼉소리

한 손으로 치는 손뼉소리

내가 아는 어떤 젊은 부부는 서로 심하게 다투는 일이 자주 있다.

서로 성격이 다른 사람들이 부부의 인연을 맺고 부부로서 한 집에 살지만 화목하게 지내기란 여간 어려운 일이 아니다.

부부 싸움은 대개 아주 사소한 문제에서 출발한다.

그 부부는 무슨 이야기 끝에 전기줄 속에,

"구리줄이 세 개가 들어 있다."

"아니다 두 개다."

라며 서로 우기다가 마지막에는 정말 심각하게 싸웠다고 한다.

어떤 때는 한 사람은 칼국수가 좋은데 다른 사람은 짜장면이 더 좋다며 서로 이해할 수 없다고 야단이다.

내가 미국에서 공부할 때 장인과 장모님이 장인 어른 회갑 기념으로 여행차 오셨다.

우리 부부는 그분들을 모시고 함께 유럽으로 갔는데 이태리 로마에서 저녁으로 무엇을 먹을까를 놓고 장모님과 장인이 서로 의견이 틀려서 장모님이 꽤나 삐치신 적이 있었다.

한 분은 양식 또 한 분은 중국음식이 좋다고 하시니 우리 부부는 중간에서 입장이 꽤나 난처했었다.

언젠가 나는 젊은 제자 부부에게 손가락 하나를 보이며,

“이것이 긴 것인가 짧은 것인가.”

대답해 보라고 한적이 있다.

물론 그들은 아무런 대답을 못했다.

손가락의 길고 짧음은 다른 손가락과 비교해야 비로소 짧던가 길다. 손가락 하나가 본래 길거나 짧은 것은 아니다.

옛날 중국의 어떤 선사는 사람들이 찾아와서 무엇이 불법입니까 하고 물으면 늘 손가락 하나를 치켜세웠다.

하루는 그 선사가 출타하고 없었는데 손님이 찾아 왔다. 그 손님은 행자승에게 큰스님은 사람들에게 어떻게 불법을 가르치느냐고 물었다.

행자승 왈,

"아주 간단해요. 우리 큰스님은요, 누가 불법이 무엇입니까 하고 물으면 이렇게 손가락 하나를 세워 보이시거든요."

라고 대답해 주었다.

큰스님이 그날 볼일을 보고 돌아오자 행자승이 그날 있었던 일을 자랑삼아 이야기했다.

큰스님이,

"그럼 내가 너에게 다시 한 번 물을 터이니 그대로 대답해 보거라."

하고 일렀다.

그러자 그는 아까 손님에게 하던 대로 손가락 하나를 치켜세우는 것이었다. 그때 큰스님은 느닷없이 그 행자의 손가락을 칼로 싹둑 잘라 버렸다.

비명을 지르며 도망가는 행자를 그 스님이 불러 세우자 그 행자가 돌아보았다. 그때 큰스님이 손가락을 세우자 그 순간 그 행자는 큰 깨우침을 얻게 되었다 한다.

일본의 유명한 하꾸인 선사는 수행을 얼마나 열심히 하였던지 참선 삼매에 들어 몇 시간이 흘렀는지 며칠이 지났는지도 모르고 계속 앉아 있었다.

갑자기 울리는 범종 소리를 듣고 삼매에서 나왔다.

그는 스스로 한 소식했다고 생각하고 그것을 인가 받기 위하여 어떤 고승을 찾아갔다.

그러나 무엇인가 이야기만 하려고 하면 그 고승이 소리를 버럭 지르고 주먹질을 하므로 아무런 말도 못 꺼내고 객사로 쫓겨났다.

그러길 여러 차례 반복하던 어느 날 아침, 마을의 어떤 집으로 밥을 동냥하러 갔다.

그런데 그 집 뜰 앞에 소복이 쌓인 눈을 쓸고 있던 노파가 다짜고짜 빗자루로 그를 마구 패는 것이 아닌가.

하꾸인은 늘씬하게 얻어맞고 밥도 못 얻어먹은 채 다시 절로 돌아오니, 그제사 그 절의 고승이 방으로 불러들여 다정하게 따끈한 차 한잔을 대접하더란다.

그 노파가 보기에도 하꾸인은 한 소식 얻었다는 생각으로 꽉 차 있었다.

절 근처에 사는 노파들 가운데 눈 밝은 분들이 더러 있다. 그래서 옛부터 스님들조차도 잘못하면 망신당하는 경우가 더러 있었다.

하꾸인 선사는 그의 제자들에게,

"한 손으로 치는 손뼉소리는 어떤 것인가?"

라고 즐겨 물었다.

뜰 앞의 까마귀가 울자 누가 어떤 선사에게 물었다.

"들었습니까?"

"들었소."

라고 그는 대답했다.

조금 후 까마귀가 날아갔다.

그는 다시,

"들으십니까?"

하고 묻자 선사는,

"듣고 있소."

라고 대답하였다.

"까마귀가 날아가서 소리가 나지 않거늘 어찌하여 듣는다 하십니까?"

하고 항의하자,

"나는 들음 없이 들어서 소리에 매이지 않는다. 듣는 성품은 소리를 따라 나거나 소리를 따라 멸하지 않는다."

고 그 선사는 대답하였다.

능엄경에,

"아난다여, 네 그 잘못 듣는 기틀을 돌려라. 듣는 놈을 되돌려 자기의 본 성품을 들으면 그 성품이 위없는 도를 이루리라(反聞聞自性 性成無上道)."

고 설하였다.

선사들은 도를 가르침에 있어 관념과 말을 삼간다. 그것은 오히려 듣는 사람으로 하여금 분별심과 관념을 발동시켜 더욱 도에서 멀어지게 할 위험이 있기 때문이다.

그래서 그들은 무언의 행을 즐겨 쓴다. 눈짓과 손짓을 쓰고 몽둥이와 고함으로 가르친다.

부부가 '한마음'이면 서로 싸우고 다툴 일이 없다. 그러나 한마음이 되지 않는 경우가 많으니 누군가의 의견에 따라야 다툼이 없어진다. 집안 식구끼리 의견이 엇갈리면 누군가가 결정을 해야 한다.

대개 가장인 아버지가 하는 것이 자연스럽고 좋다.

우리 선생님은 자연의 이치로 보면 음은 양의 지배를 받아야 한다고 말씀하신다.

우리 나라 천부경을 비롯한 고대의 전통 경전에 관한 연구를 하신 최동환 선생도 같은 말을 한다.

천부경의 일적십거도(一積十鉅圖)를 놓고 보면 양이

55수, 음이 45수라 한다. 그것이 주역에서 말하는 천(天)의 수(數) 55이며 지(地)의 수 45라는 것이다.

그래서 남녀간에도 가정에서도 항상 양인 남자가 55%의 주권을 행사해야 자연의 순리에 따르는 길이요 화목하는 길이다.

우리 선생님은,

"여자는 어려서는 아버님 말씀에 순종해야 하고, 시집가서는 남편 말에 순종해야 하고, 늙어서는 아들 말에 순종해야 한다."

고 자주 말씀하신다.

그래야 집안도 화목하고 잘되며 또 여자 본인이 우선 건강하게 된다는 것이다.

이러한 이치는 들으면 알기는 쉽지만 실천하기는 참으로 어렵다.

열을 알면 무엇하겠는가. 한 가지만이라도 실천하는 것 그것이 중요한 것이다.

평상심(平常心)을 가져라

옛날 중국에 싸움닭을 잘 훈련시키는 기성자라는 명인(名人)이 있었다.

닭싸움을 좋아하는 그 나라 임금이 싸움닭을 맡기면서 훈련시킬 것을 명했다. 열흘쯤 후에 왕이 그에게 물었다.

"이제 되었는가."

명인이 대답하길,

"아직 아니 됩니다. 지금 살기가 등등하여 적을 찾고 야단입니다."

또 열흘이 지나 왕이 어찌되었느냐고 묻자 그 조련사는,

"아직 아니 됩니다. 다른 닭소리를 듣거나 눈치를 채면 금방 투지를 불태웁니다."
라고 대답하는 것이었다.

그리고 또 10일이 지나서 왕이 어찌되었느냐고 독촉하자,

"아직도 멀었습니다. 다른 닭을 보면 째려보거나 격분하고 맙니다."
라고 대답하면서 더 기다려야 한다고 말했다.

그리고 열흘이 지나서 왕이 물은 즉, 그는

"이제야 다 되었습니다. 주위에서 다른 닭이 울고, 날고 야단법석을 떨어도 마치 나무로 만든 닭같이 전혀 움직이는 기미가 안 보입니다.

이야말로 덕(德)이 충실해져 있는 증거입니다.

어떤 닭이라도 그에게 대적할 수 없습니다. 그 모습을 보기만 해도 다 도망쳐 버리지요."
라고 대답했다고 한다.

일본의 유명한 씨름선수 쌍엽산(双葉山)은 그의 도장에 목계(木鷄)라는 큰 액자를 걸어두고 수련했다고 한다.

나무로 만든 닭과 같이 어떤 상황, 어떤 적을 만나더라도 추호도 흔들림 없는 마음, 부동심(不動心)을 갖는

것을 수련의 목표로 삼았기 때문이다.

일본에 덕천 막부시대에 유명한 스님으로 다꾸안(澤庵)이란 분이 있었다.

그 스님은 무사들에게 <부동지신묘록(不動智神妙錄)>이라는 유명한 법문을 남겼다.

내가 국토개발연구원 원장 시절 일본에 출장을 갔을 때, 호텔의 조그만 책방에서 그 책을 사서 보고 너무나 큰 감명을 받았다.

칼 하나로 생(生)을 살아가는 검객(劍客)들은 언제 어디에서 적을 만날지 모르는 늘 불안한 생활을 한다.

그리고 그 한 번의 만남이 생(生)과 사(死)의 갈림길이 되고 만다.

그런 적과의 만남에서 살아남기 위하여 깊고도 높은 검도의 수련을 쌓는데, 그 검도의 핵심의 핵심은 역시 마음가짐에 있다.

검객들이 오직 바라는 것은 적과 조우할 때, 그와 싸울 때, 그리고 죽는 순간에도 흔들림 없는 마음, 평화로운 마음을 간직하는 것이다.

다꾸안 스님은 적을 만나 건곤일척의 대결을 하는 검객이 어디에 마음을 두어야 하는가에 대하여 아무데도 마음을 두지 말라고 한다.

무심(無心)이 되고 평상심(平常心)이 되어야 한다.

마음이 흔들리는 순간 단칼에 목숨을 잃는다.

상대의 발에 마음을 두고 있으면 머리로 떨어지는 칼을 막을 수 없고, 자기의 칼 끝에 마음을 두고 있으면 발 쪽으로 들어오는 칼을 막을 수 없다.

목숨을 거는 검객의 싸움도 아침에 밥먹듯 무심히 할 수 있다면 죽을 리도 없지만, 비록 그것으로 죽는다 해도 아름답게 보인다.

권투 선수, 골프 선수, 또는 야구 선수가 연습할 때는 잘 하다가도 시합 때 죽을 쑤는 것은 평상심을 잃었기 때문이다.

시합도 연습같이 한다면 좋은 성적이 나올 것이다.

예전에 어떤 고위직 인사는 평상시는 브리핑을 잘하다가도, 왜 그런지 대통령 앞에만 가면 죽을 쑤는 바람에 발탁의 기회를 못 잡았다고 한다.

꼭 잘 보여 출세를 해야 되겠다는 욕심이 크다보니 평상심을 유지하기 어려웠을 것이다. 그분이 자기 주위 분들에게 설명하듯이 무심히 할 수 있었으면 장관으로 발탁되고도 남았으리라.

심지어 잠자리도 꼭 잡아야 되겠다고 독을 쓰면 미리 알고 도망가는데, 다른 것이야 더 말해 무엇하겠는가.

저 여자와 꼭 결혼하고 싶거든 꼭 그 여자를 잡아야겠다는 욕심을 우선 버리면 쉽지 않을까?

계(戒)란 지켜보는 것

이 세상을 힘겹게 살아가는 사람들은 누구나 쓸데없는 생각과 망상 때문에 많은 시달림을 받고 괴로워한다.

나도 그런 적이 여러 번 있었다.

내가 아는 어떤 부인은 자기 남편으로부터 받은 섭섭한 기억들 때문에 굉장히 괴로워하였다. 결국 그것이 화근이 되어 그 부인은 큰 병을 얻고 고생하였다.

보통 사람들은 낮에 사무실에서 있었던 불쾌한 일 때문에 하루 종일 기분이 상하고 밤에는 잠까지 설치는 경우가 많다.

내가 30대 말에 태국의 모 외국 대학원에서 교수로 있을 때 어떤 외국인 교수와의 불화로 며칠간 몹시 괴로워한 적이 있었다.

나는 그 괴로움에서 벗어나고 싶어 엑셀이란 영국 출신 교수에게 도움을 요청한 적이 있었다.

그는 영국의 명문인 옥스퍼드 대학에서 물리학 박사 학위를 받고 태국에 와서 계획이론을 강의하는 교수였다.

전형적 영국신사인 그는 대학 때부터 불교를 공부한 사람으로 그 방면에 꽤 깊은 조예를 가지고 있었다.

그때 그분이 나에게 복사하여 준 글 중 하나가 티베트 밀경의 한 부분이었다.

그 글에는 참선 수행하는 사람이 지속적으로 떠오르는 생각과 망상을 어떻게 하여야 하는가에 관한 것이 있었다.

그것은 망상과 생각이 계속해서 일어나면 그것을 억지로 누르려고 애쓰기보다는 마치 강가의 언덕 위에 앉아서 흐르는 강물을 바라보듯 자기 생각이 일어났다 사라지는 것을 그대로 관조하라는 가르침이었다.

그것은 난생 처음 듣는 것으로 너무나 충격적인 가르침이었다.

생각과 생각이 꼬리를 물고 일어나는데 내가 파묻히는 것은 마치 저 흐르는 강물에 빠져 떠내려가는 것과 같고 내 생각의 일어남과 스러짐을 관조하는 것은 강둑에 앉아 한가로이 흐르는 강물을 바라보는 것과 같은 것이다.

실제로 그 가르침대로 해보니 생각을 다루는 일이 그전보다 훨씬 쉬워졌다.

사람의 마음은 마치 원숭이가 이 나무에서 저 나무로 계속 옮겨 뛰듯이 대상을 찾아 끊임없이 움직인다.

처음으로 참선하는 사람이 제일 먼저 발견하고 놀라는 것은 얼마나 많은 생각이 마음속에서 일어났다 스러지는가 일 것이다.

단 몇 초간이라도 공적한 마음을 유지하기란 어렵다.

대행스님 같은 이들도 그러한 쓸데없는 생각들, 과거의 원한, 기분 나쁜 기억들, 장래에 대한 불안한 생각들 그 모든 것을 전부 단전이란 용광로로 밀어넣고 녹여버리라고 말씀하신다.

그렇게 할 수만 있다면 그것 또한 좋은 방편이 될 터이다.

마음은 하나의 포괄적인 이름이다.

마음에는 주와 객이 함께 존재한다.

마음은 마음을 볼 수 있다.

내가 남에게 거짓말을 할 때 내 마음은 내가 거짓말하는 것을 안다.

또 남에게 아첨을 떨고 있으면 내 마음은 그것 또한 알고 있다.

아첨 떠는 마음을 아는 주인공이 깨어있어서 아첨도 떨고, 시기 질투도 하고, 화도 내고, 욕심도 내는 그런 마음들의 움직임을 항상 주시하고 관조하고 있으면 그러한 마음들은 곧 사라진다.

집의 가장인 아버지가 안 계시면 아이들은 자기들끼리 싸우고 부수고 야단법석을 떤다.

직장도 상사가 자리를 비우면 이방저방 기웃거리며 기강이 풀린다. 오죽하면 무두휴일(無頭休日)이라 했을까.

뒷골목도 경찰의 순찰차가 경계와 순찰을 하지 않으면 여러 가지 범죄가 발생한다.

마찬가지로 언제나 머물러 있는 밝은 마음인 주인공이 깨어 있어 순간 순간 일어났다 소멸하는 생각들을 지켜본다면 그러한 생각들은 아무런 위력 없이 사라진다.

그것이 가장 좋은 계(戒)가 될 것이다.

동심(童心)과 다도(茶道)

동심은 깨끗하고 순진무구하다.

그래서 항상 밝고 즐겁다.

어린아이들의 마음은 항상 '지금 여기에(here and now)' 머물고 있다.

우리 어른들처럼 지난 일에 집착하지도 않고 또 앞으로 다가올 일을 미리 걱정하지도 않는다.

그들의 마음에는 오직 지금 이 순간만 있을 뿐이다.

누가 때려서 아프면 금세 울다가도 조금 지나면 까맣게 잊고, 언제 그런 일이 있었던가 싶게 다시 웃고 논다.

사탕이라도 주면 곧 받아먹으며 마냥 즐겁기만 하다.

그에 비하여 어른들의 의식은 항상 지난 일과 앞으로 다가올 일들로 꽉 차 있다.

몸은 지금 이곳에 존재하지만, 그 마음은 과거로 미래로 방황하고 이곳 저곳으로 헤맨다.

그러니 옆에 아름다운 꽃이 있어도 눈에 들어오지 않고, 예쁜 새의 지저귀는 소리도 들리지 않는다.

아침상에서 밥을 먹으면서도 그의 마음은 이미 사무실에 나가 있거나, 어제 뉴욕에서 있었던 일들로 꽉 차 있다.

그러니 옆에 아이들이 있어도 그들과 대화할 마음도 없을 뿐 아니라, 아이들이 있는지 조차 의식하지 못할 때도 많다.

집주인이 집을 오래 비우면 도둑이 들기 쉽다.

마찬가지로 마음이 몸을 떠나 이곳 저곳, 과거와 미래로 방황하면서 몸이라는 집을 오래 비워두면 집 안의 보물을 도둑맞기 쉽다.

골똘히 다른 생각에 빠져 며칠만 있어보라. 당장 감기 균의 침입을 받아 편도선이 붓거나 기관지염 같은 것에 걸린다.

마음의 집비움이 오래 자주 지속되면 타자(他者)의

지배를 받기 쉽다고 한다. 이것은 우리 선생님의 말씀이다.

장자(莊子)는 마음이 거울과 같아야 좋다고 했다.

조용히 움직이지 않고 오는 것을 그대로 비추고, 사라지면 아무 흔적도 남기지 않는다.

그래야 어떠한 상황에도 대응할 수 있고 상처받는 일이 없다.

부처님은 사람이 지난 일을 늘 생각하고 앞으로 다가올 일을 미리 걱정하면 몸은 갈대와 같이 마른다고 말씀하셨다.

우리의 일생은 매 순간들이 모여 이루어진 것이다. 숨쉬는 순간 순간이 우리의 삶의 현장이다.

내가 아침에 아이들과 식탁에서 아침밥을 먹고 있다면 그 밥을 먹는 것이 내가 그 순간을 사는 것이다.

그 순간은 다시없는 진솔한 삶의 순간이다.

그런데 다른 일, 지난 일과 앞으로 다가올 일에 마음을 빼앗겨 그 순간의 일을 의식하지 못한다면 바로 지금 존재하지도 않는 과거와 미래를 사는 것이지 지금 이 순간을 사는 것은 아니다.

삶은 경험이다.

경험은 우리의 의식이다.

식물 인간으로 무의식 상태에서 몇 년을 병원에서 산 것은 목숨이 붙어 있었으니 의학적 관점에서는 분명히 살아 있는 것이지만 진정한 의미로는 살아 있었다고 할 수는 없다.

나는 몇 년 전 일본 나고야 시(名古屋 市) 학술 세미나에 참석했다가 일본 나고야 대학의 니시야마(西山) 교수의 안내를 받아 다도(茶道)집에서 녹차를 마셔본 적이 있다.

조그마한 다다미방으로 들어갈 때 낮은 문으로 허리를 굽혀 들어가서 방에 앉으면, 기모노 차림의 여성이 날라온 초록빛의 걸쭉한 차를 의식에 따라 마시는 것이다.

나는 그 교수에게,

"다도란 무엇인가요?"

라고 물어보았다.

그는 자기도 잘 모른다면서 선전용 책자에서 본 다도에 대해 간략히 소개해 주었다.

낮은 문으로 허리를 굽혀서 들어가는 것은 하심(下心)을 뜻하는 것이고.... 어쩌고 하는 것으로 지금은 별로 기억에 없는 내용들이었다.

내가 그 설명을 듣고 또 실제로 경험한 일본의 다도란 것은 알맹이인 속뜻은 간데 없고, 껍데기만 대물림하고 있는 것이 아닌가 생각되었다.

다도는 선불교(禪佛教)와 함께 발달하였다.

선가(禪家)에서 왜 차 한 잔 마시는 것을 도(道)라 했을까?

밥 먹고 숭늉 마시듯 그냥 마시면 되었지, 뭐 거창하게 도라고 했을까?

나는 일본 다도집에서 문득 다도에 담긴 뜻은 우리의 마음을 '지금 이곳에' 머물게 하는 데 있다고 느꼈다.

차를 마시는 것은 내가 지금 이 순간을 사는 것이고 내가 이 순간을 사는 것은 곧 친구와 차를 마시는 것이다.

그와 같이 내 마음과 내 의식(意識)을 전부 지금 이곳에 가져오면 비로소 지금 살아가는 이 순간이, 그것이 차를 마시는 것이든 집 식구들과 아침을 먹는 것이든 진솔한 체험이요, 삶인 것이다.

자기가 지금 이 순간에 머물 때만이 비로소 찻잔의 아름다움, 찻잔에 담긴 노오란 색깔의 차, 앞에 앉아 있는 친구의 표정이며, 또 혀에 닿는 차의 맛이며 그 모든 것이 진솔하게 체험된다.

치유의 사원

나는 충주에 부총장으로 2년간 있을 때 몇 가지 재미있는 경험을 하였다.

집사람과 주말에는 서울에 와 있다가 주초에 자동차로 충주로 내려가 학교가 마련해 준 조그만 아파트에서 지내고 또 주말이면 상경하는 생활을 반복했다.

충주는 인구도 얼마 안되는 소도시로서 물과 공기도 깨끗하고 자연 경관도 아름다우며 시골의 정취를 느끼게 하는 한가한 곳이다.

자동차로 일주일에 한두 차례 왕래하면서 봄·여름·가을·겨울의 4계절에 따라 변하는 들판의 풍경을 보는 것도 좋았지만, 한가한 전원 생활도 잊을 수 없는 추억이다.

그리고 학교 행정으로 바쁜 틈틈이 시내 서점에 들러 책 구경하고 읽을 만한 책을 사들고 돌아오는 것은 여간 즐거운 일이 아니었다.

그때 사서 읽은 책으로 미국 사람이 쓴 <초인 생활>이란 것이 있었다. 19세기말에 티베트를 여행하며 체험한 것을 쓴 것으로 치유의 사원(healing temple)에 관한 이야기가 있다.

치유의 사원에 사람이 들어가면 몸에 병이 있는 사람은 누구나 곧 낫게 된다는 것이다.

그것은 그 사원을 건설한 사람들, 그것을 설계하고 공사한 모든 관계자들이 오직 한가지 생각과 염원을 했다.

그것은 사랑, 평화, 자비, 조화였다.

그리하여 그 사원은 그러한 정신과 기운으로 충만해 있어서 그곳에 들어가는 사람은 사랑과 평화에 반대되는 그 어떤 생각도 할 수 없고 따라서 몸의 병도 곧 치유된다는 것이다.

그 이야기를 읽고 나는 큰 깨우침을 얻게 되었다.

한 집안도 화평(和平)하고 가족간에 사랑으로 충만

해 있으면 그 가족이 건강함은 말할 것도 없고 모든 하는 일들이 잘 된다.

그러고 보니 시골 이발소나 식당에 걸려 있는 가화만사성(家和萬事成)이란 글귀의 참뜻이 가슴에 와 닿는다.

가족간에 불화하는 집 치고 잘 되는 집 없다.

특히 가장인 아버지와 어머니가 불화(不和)하고 또 부자간에 사이가 나쁘면 그런 집 자녀들은 가출하기 쉽다.

아버지나 어머니가 자식 보기를 원수같이 미워하면 그 미운 기운을 어린아이가 어찌 견디겠는가. 그들은 편한 곳, 덜 불편한 곳으로 가버린다.

같은 직장에서도 어떤 사람의 방은 자주 가게 되지 않는다. 왠지 그 방 분위기가 자기를 환영하는 분위기가 아니기 때문이다.

그 사람이 나에 대한 나쁜 감정을 숨기고 밖으로 드러내지 않아도 우리 몸의 세포는 즉시 감지해버리니 발걸음이 그리로 향하지 않는다.

우리의 몸도 하나의 사원이다.

내 마음이 화평하지 못하고 남을 미워하는 증오심,

적개심, 시기심으로 가득하면 그것은 결국 자기 몸을 해친다.

독기를 품으면 그게 어딜 가겠나. 그야말로 '속이 상(傷)한다.'

시기심이나 증오심이 가시 같은 마음이라면, 사랑이나 화평한 마음은 원만한 둥근 마음이다. 가시 같은 마음은 남도 찌르지만 결국 그 주인의 속을 찌르고 상하게 만든다.

사랑이나 자비는 말하기는 쉬워도 실천하기는 어렵다. 얼마나 어려우면 성자(聖者)들이 중요하다고 반복하여 이야기했겠는가.

예수님도 이웃을 네 몸같이 사랑하라고 말씀하셨고, 부처님도 자비심으로 모든 생명을 자식같이 대하라고 말씀하셨다.

어떤 집은 그 아버지가 아들의 공부가 마음에 안든다고 미워했더니, 아들이 점점 비뚤어지고 방황했다고 한다.

그런데 그 아버지가 그러한 아들을 큰 마음먹고 이해하고 사랑으로 대하며 그를 진정으로 도와주자 그 아들도 차츰 좋은 방향으로 변하고 집안도 화목하게 되었다.

혼히 욕심 많은 부모들은 아이들이 자기들의 기준에 못미치면, 대부분의 경우 자식들을 미워한다.

그래서 일을 더 그르친다.

아이들이 공부 못하는 것은 그들만의 책임이 아니다.

있는 그대로 받아들이고 부모가 도울 수 있는 것은 도와주는 것이 문제를 좋게 해결하는 길이다.

자기 마음도 가정도 사회도 사랑과 자비, 평화와 조화로 충만하면 건강하고 모든 일이 잘 이루어질 것이다.

원수가 곧 은인이다

세상을 살다보면 여러 사람과 어울리고 때로는 부딪히며 살게 된다.

늘 만나서 즐거운 사람도 있지만 만나면 불쾌하고 심지어는 원수같이 보기 싫은 사람도 있다.

오죽하면 옛 성인이 말씀하시길 사랑하는 사람과 이별하는 것도 고통이지만 원수와 만나는 것도 큰 고통이라 했겠는가.

우리 집 사람의 한 친구는 인정도 많고 남의 일을 자기 일같이 잘 도와준다.

그러나 좋고 나쁜 것, 적과 동지를 두부모 자르듯 분명하게 구분하고는 자기가 좋아하는 사람은 어떤 일이 있어도, 비록 자기 목에 칼이 들어와도 나서서 도와준다.

그 반대로 자기가 싫어하는 사람은 원수나 적과 같이 대하여 그들과의 마찰 때문에 많은 고통을 받는다.

한 번은 그분이 같은 직장의 사람과 크게 다투고 속이 너무 상하여 병원에 입원한 적이 있다.

지병도 있는 터에 그 '나쁜' 놈 때문에 마음이 상했으니 우리가 보기에도 참으로 안되었다.

문병 가서 나는 그분에게 이렇게 위로하였다.

"우리가 매일 아침 화장실에 가는 것은 필요하기 때문이지 좋아서 가는 것은 아니지 않습니까.

마찬가지로 직장에서도 좋지는 않지만 매일 어쩔 수 없이 얼굴을 맞대고 같이 살아야 하는 사람들이 있습니다.

너무 미워하지 마세요."

그러자 그는 곧,

"맞아요. 그 놈은 변소고 나는 안방이죠."

라고 말했다.

"그렇지만 사람은 누구나 다 안방과 변소를 함께 가지고 있지요."

하고 말하고 싶은 것을 그분의 기분을 너무 상하게

할 것 같아서 참았다.

사실 우리는 누구나 다 더러운 치부를 가지고 있다.

자기 몸 속에 있을 때는 더러운 줄 모르다가 일단 몸 밖으로 나오면 더럽다고 야단이다.

가래침도 그러하고 피도 그렇다. 똥과 오줌도 일단 자기 몸 밖으로 나오면 더러운 것이라고 한다.

내가 아는 교수 한 분은 젊은 시절, 대학 입시에 실패하고 너무 속이 상하고 면목도 없어 집을 떠나 이곳 저곳 여행하던 중 어떤 절에 들렀다.

눈 밝은 스님이 그 젊은이의 고민을 곧 알아차리고는,

"젊은이, 그대 손바닥에 가래침을 뱉어보게."

하여 시키는 대로 했더니,

"그 가래침을 먹어보게나."

하더란다.

어떻게 그 더러운 가래침을 먹겠는가.

그래서 못 먹겠다고 했더니 그 스님 왈,

"그대 입 속에 있을 때는 아무렇지도 않았는데 그대 입 밖으로 나온 후에는 왜 더럽다고 하는가."

그는 그 말을 듣는 순간 크게 깨친 바가 있어 즉시

집으로 돌아와서 다시 재수를 시작했다.

모든 것은 마음먹기 달렸다.

깨끗한 것, 더러운 것, 좋은 놈, 나쁜 놈 그 모든 것도 마음이 만드는 것에 불과하다. 마음 한 번 고쳐먹으면 다 괜찮은 것을 모두 그게 잘 안되어 고통받고 있다.

나도 살면서 기분 나쁜 꼴을 당하고 속상해한 적이 많았다. 그때마다 변소 생각하면서 참고, 사는 날이 단 하루밖에 안 남았다고도 생각해 보았다.

하루 후에 죽는다면 이 세상에 집착하고 안타까울 게 뭐가 있겠는가.

나이가 점점 들면서 집착심도 적어지고 화나는 일도 차츰 줄어든다.

돌이켜보면 나를 화나게 했던 사람과 나를 애먹인 사람들이 사실은 큰 은인이었음을 깨닫게 된다.

관세음보살은 여러 모습으로 나타난다. 때로는 어머니나 부인으로 또 어떤 때는 미운 직장 상사로, 기회만 있으면 자기를 모함하고 해치려 드는 사람으로도 나타난다.

그리하여 우리에게 참고 인욕하는 것을 가르치고 이기심을 버리고 남을 사랑하고 큰 자비심으로 대하게 가르친다.

나로 하여금 마음 공부를 시작하게 한 사람은 내가 젊었을 때 태국의 같은 직장에서 일했던 한 외국 출신 교수였다.

그 당시 학과장 일을 보고 있는 나에게 어찌나 밉게 굴고 속상하게 하는지 참으로 괴로웠다.

지옥이 따로 없고 나의 괴로운 삶 그것이 바로 지옥이구나 생각했다.

나는 그 괴로움으로부터 해방되고 싶었다.

그리고 그 모든 고통의 근원은 밖에 있음이 아니고 바로 내부의 내 마음에 있음을 알게 되었다.

대행스님은 우리가 피할 수 없는 어려운 상황, 그것이 바로 공부꺼리라고 한다. 그러한 상황 속에서 우리의 마음은 더욱 단련되고 닦일 수 있기 때문이다.

금강경에서 수보리는 무상의 깨우침을 얻으려는 수행자는 어떻게 그 마음을 가지며 또 어떻게 그 마음을 항복받아야 합니까 하고 부처님께 물었다. 그에 대한 가르침이 금강경의 내용이다.

수보리 정도면 상당히 높은 경지의 수행자이다. 그러한 수보리도 아직 마음을 굴복받지 못하였으므로 어떻게 항복받아야 되겠습니까 하고 가르침을 청하였다.

같은 한마음인데 항복받는 자는 누구이고 또 항복하는 자는 누구인가 재미있는 화두이다.

부처님은,

"수행자는 일체 중생을 고통에서 구제하고 남김없이 멸도 시키겠다고 생각하라."

고 설하셨다.

결국 마음이 편하려면 자기 자신이 아니라 남을 위하여 일하라는 것이다.

이기심이 크면 클수록 마음의 고통은 크다. 아만심(我慢心)이 크면 클수록 마음의 고통 또한 크다.

자기를 죽여야 사랑과 자비가 있고 마음의 평화가 있다.

아, 그렇습니까

그전에 어떤 책에서 본 얘기다.

영국의 칼라일이 20년이 걸려 불란서 혁명사의 원고를 완성한 다음 그 원고를 자기의 친구인 밀에게 보여주었다.

밀이 읽다 잠시 산책 나간 사이에 그 집 하녀가 휴지인 줄 알고 난로 불에 넣어 다 태워버렸다.

칼라일은 또 20년이 걸려 불란서 혁명사를 다시 집필하여 출판했다.

먼 훗날 밀이 죽고 나서 칼라일은 그때 그 원고가 타지 않았더라면 20년 동안 더 유익한 연구를 할 수 있었을 터인데 하면서 매우 아쉬워했다고 한다.

그동안 불평 한마디 안 하다가 친구가 죽은 후에 20년의 세월을 허비하게 된 것을 안타까워했다니, 그의 참을성도 참 대단한 것이다.

그러나 그의 친구에 대한 원망은 오랜 세월이 지났어도 여전히 남아 있었다.

우리 나라 조선조 시대 어떤 양반 집에서 있었던 일이다.

하루는 그 집 제삿날이라, 큰며느리는 음식 준비하랴 아이들 돌보랴 매우 바빴다.

서당에서 막 돌아온 막내 시동생은 친구들의 조름에 못 이겨 다락 위에 올려놓은 제사에 쓸 떡을 훔치다 굴러 떨어졌다.

그로 인하여 마침 그 밑에서 자고 있던 갓난아기가 압사하게 되었다.

그러나 큰며느리는 자기 아기가 갑자기 경기(驚氣)로 죽게 되었다고 시부모에게 알리고 그 진상을 끝까지 밝히지 않았다.

결국 훗날 그의 시동생이 실토하여 비로소 세상에 알려졌다.

부덕(婦德)의 진면목을 보여준 이 며느리의 참을성은

칼라일의 그것보다 한 차원 높다.

일본의 유명한 하꾸인(白隱)선사는 정말 존경받는 이였다.

어느날 그 아랫마을의 시집도 안 간 처녀가 아기를 갖게 되어 부모의 추궁을 받자, 존경받는 하꾸인 선사의 아이라 하면 괜찮을 것 같아 그렇다고 거짓말을 하였다.

그러자 그 부모가 찾아와서 입에 담을 수 없는 갖은 욕설을 퍼부으며 난동을 부렸다.

그러나 하꾸인 선사는,

"아 그렇습니까."

라고 대답할 뿐 아무런 다른 변명이 없었다.

그 사건으로 인하여 그 하꾸인 선사는 완전히 나쁜 놈으로 오인되어 사람들의 왕래가 뚝 끊겼다.

드디어 처녀가 출산하게 되자 그 부모는 갓난아기를 하꾸인 선사에게 갖다 맡기며,

"당신의 아이이니 당신이 키우시오"

라고 하였다.

그때도 역시,

"아 그렇습니까."

라고만 말할 뿐 다른 어떤 말도 없었다.

오랜 세월이 흘러 그 처녀는 자기의 거짓말 때문에

죄 없는 하꾸인 선사가 큰 고통을 당하고 있는 것을 보고 자기의 잘못을 뉘우치며,

"그 아이의 실제 아버지는 하꾸인 선사가 아니라 생선 가게 총각이어요."

라고 사실대로 말하였다.

그리하여 오해 때문에 큰 죄를 짓게 된 부모가 하꾸인 선사를 찾아가 백배사죄하며 아이를 다시 찾아 갈 때도 그의 대답은,

"아, 그렇습니까."

한 마디 뿐이었다는 것이다.

불가에서는 탐욕, 진노함 그리고 우치함을 삼독(三毒)이라 한다. 그 중에서도 제일 나쁜 것이 화내는 일이다. 화를 한 번 냄으로서 자비심이 말살되기 때문이다.

보살이 되는 수행에 여러 가지가 있겠지만, 보시, 지계, 인욕, 정진, 선정, 지혜의 육바라밀이 있는데 그 중에서도 어려운 것이 인욕(忍辱)이다.

부처님이 전생에 인욕수행을 할 때의 일이다.

하루는 가리왕이 궁녀들을 거느리고 부처님의 수행하는 곳으로 나들이 행차를 했는데, 왕이 잠깐 잠든 사이에 궁녀들이 고귀한 수행자 곁으로 몰려가서 구경하

고 있었다.

왕이 깨어보니 모든 궁녀들이 수행자에 매료되어 있는지라 그것이 수행자의 유혹이라 생각하여 칼로 그를 여기 저기 베었다.

그러나 수행자는 아무런 원망도 또 자기가 가리왕에게 베임을 당한다는 생각도 들지 않았다고 한다.

대행스님이 전쟁 중 산으로 다니면서 수행할 때 간첩으로 오인받아 군 수사 기관에서 자백을 강요받으며 심한 구타를 당한 적이 있었다고 한다.

그분은 무섭게 맞으면서도 그에게 매질을 하는 군인에게 조금도 원망하는 마음이 일어나지 않더란다.

오히려 그 사람이 그렇게 불쌍하게 보일 수가 없었다고 한다.

도(道)가 지극하면 화날 일을 당해도 화가 나지 않는다고 우리 선생님이 말씀하셨다. 화가 안 나면 참을 필요도 없고 인욕수행도 필요 없다.

그러나 아직 그 경지에 가지 못한 사람들은 참는 일이 어렵기도 하겠지만, 그래도 참을 줄 알아야 한다. 자비심이야말로 화남을 뿌리뽑는 지름길이다.

감사하면서 살자

사람들은 누구나 이 세상에서 행복하게 살다 가길 희망한다.

그래서 돈도 벌고 좋은 집과 좋은 자동차를 가지려 한다. 권력도 잡고 명예도 얻기 위해서 이른바 출세라는 것을 하려고 모두 애쓰며 산다.

어떤 강연장에 모인 여성들에게 누가 물었다.

집 있는 사람, 자동차 있는 사람, 자식 있는 사람, 건강한 사람은 손들어 보라니까 거의 전부가 손을 들었다.

그러나 진정으로 행복한 사람 있으면 손들어 보라니까 손드는 사람이 한 사람도 없었다고 한다.

우리가 보기에 행복할 수 있는 조건을 모두 갖추고

있음에도 자기 스스로 행복하다고 생각하는 사람은 거의 없다는 얘기다.

나의 친구 한 사람이 있다.

내가 보기엔 재산도 많고, 좋은 집에, 좋은 자동차, 그리고 아이들도 훌륭하게 교육받고 건강하게 자라서 좋은 배필 얻어 잘 살고 있다.

그러나 그 집 부인은 늘 불만이었고 급기야 그런 불만이 원인이 되어 건강까지 나빠져서 고생하고 있다.

남들은 가졌는데 자기는 그것을 못 가졌으니 불만이요, 또 가진 것도 조금 더 많이 가졌으면 좋으련만 그게 잘 안되어서 불만이다.

왜 대부분의 사람들은 행복할 수 있는 물질적 조건은 모두 갖추고 있음에도 불구하고 행복하기는커녕 늘 불만으로 가득할까?

행복은 결국 물질의 풍족에 있는 것이 아니고 마음가짐에 달린 것이다.

많이 가질수록 행복한 것이 아니라 때에 따라서는 오히려 더 많이 가진 것 자체가 더 큰 고통의 씨앗일 수도 있다.

그러므로 진정 행복하고 즐겁게 살려고 하면 더 많

이 소유하려 할 것이 아니라 주어진 것, 적은 것에도 만족하고 감사하는 마음을 갖지 않으면 안된다.

내가 아는 어떤 중학생은 키가 170㎝정도로 요즘 기준으로 보면 보통 정도인데 그의 어머니가,

"한 5㎝ 정도만 더 컸으면 좋겠다."

고 말하자 그는,

"어머니, 저는 사지가 멀쩡히 태어나서 이렇게 건강한 것만도 감사할 일인데 거기에 무엇을 더 바라겠어요."

라고 하더란다.

정말 어른보다 더 어른스러운 젊은이다.

그런 마음가짐으로 살아나가면 모든 일이 잘 될 뿐만 아니라 스스로도 즐겁고 편안한 생을 살 것이 분명하다.

아프리카 오지에서 가난한 사람들을 위하여 의료 활동을 하다 돌아가신 슈바이처 박사는 원래는 신학자가 되려고 대학까지 마쳤다.

하루는 문득 자기가 불구가 아닌 온전한 사람으로 태어난 것이 너무나 감사하고 그렇지 못하게 태어난 사람들, 병든 사람들이 너무나 측은하여 의사가 되어 그들의 고통을 덜어 주려고 마음먹었다.

그리하여 그는 새로이 의학 공부를 하였고 결국 뜻한 바대로 의사가 되어 아프리카에서 봉사 활동을 하다 그 훌륭한 생을 마감하였다.

내가 대학에 들어갈 당시, 존경하는 사람으로 한국인과 외국인을 각각 한 사람씩 써낼 때 한국인으로는 도산 안창호 선생을 그리고 외국인으로는 슈바이처 박사를 썼던 기억이 난다.

슈바이처 박사나 앞의 어른스러운 중학생같이 모든 것에 감사하는 마음을 갖는다면 어떠한 상황도 불만스러울 수 없다.

추울 때 따뜻한 집에서 잘 수 있는 것도, 건강한 것도, 직장이 있는 것도, 곱게 그리고 건강하게 자라고 있는 아이들이 있는 것도, 하루 세끼 밥을 먹을 수 있는 것도 모두 감사할 일이다.

똑같은 상황이라도 보기 나름으로 감사히 여길 대상이 되기도 하고 또는 불만의 대상이 되기도 한다.

옛날 일본의 유명한 사무라이 한 사람이 선사를 찾아갔다.

그는 선사에게,

"지옥과 극락이 있습니까?"

하고 물었다.

그 선사는 대답 대신에,

"지옥을 두려워하는 것을 보니 당신은 내가 보기에 형편없는 무사요."

라고 했다.

그러자 그 무사는 금세 분노하여 칼을 빼어 들고 선사를 내려치려 하였다.

선사 왈(曰),

"그대는 이제 방금 지옥문에 들어섰소이다."

라고 하였다.

그 무사는 그래도 근기가 제법 좋았던지 선사의 말뜻을 금세 알아듣고 자기 잘못을 뉘우치며 넙죽 절을 하고 용서를 구했다.

그때 선사가,

"이제 그대는 방금 극락 문으로 들어섰소."

라고 말했다고 한다.

마음이 가난한 사람에게 복이 있다고 한다.

채우고 또 채우는 일은 끝이 없지만 비우고 또 비우는 것은 끝이 있다.

욕(慾)도 비우고 마음도 비우면 지금 여기에 머물 수

있다.

그러면 걷는 것도 밥 먹는 것도 그리고 밤하늘에 별을 보는 일도 다 즐겁다고 한다. 봄도 즐겁고 겨울도 즐겁다.

산에 핀 이름 모를 들꽃을 보고도 감동을 받고, 이름 모를 산새들의 노랫소리를 듣고도 기쁘다.

바람소리, 물소리도 즐겁고 햇볕도 즐겁다. 단순히 존재하는 것만으로도 즐겁다.

그래서 어떤 선사는 매일매일 좋은 날이요, 즐겁다고 했다.

도(道)가 지극하여 우주의 실상을 밝게 알아 자연과 하나가 될 수 있다면 하루하루가 그대로 다 좋은 날이요 즐거운 날이라 한다.

길(吉)함이나 불길(不吉)함은 우리의 분별심이 만든 차별 상에 다름 아니고 그것을 초월하고 보면 다 좋은 날일 것이다.

중생계에 몸담고 사는 사람들이 어찌 완전한 무욕(無欲)과 무소유(無所有)의 삶을 살 수 있을까마는 마음가짐만은 그렇게 할 수 있어야 하지 않을까.

특히 노년기에 들어서는 노욕(老欲)을 버려야 몸과 마음이 다 편안하다.

아직도 그 여인을 업고 있는가

두 수행자가 길을 가고 있었다.

한참을 가니 중간에 꽤나 넓은 강물이 가로놓여 있었다. 강가에 닿으니 아름다운 한 여인이,

"강물이 깊은 것 같으니 저를 좀 업어서 건네주십시오."

하고 부탁하는 것이다.

한 수행자는 망설이고 있는데, 다른 한 사람은 그 여인을 냉큼 업고 강을 건너 저쪽에 내려 주었다.

두 사람은 말없이 한동안 목적지를 향하여 한 30여 리를 계속 걸어가고 있었다.

그때 문득 아까 망설이던 수행자가,

“왜 아까 그 여인을 업어서 물을 건네주었나. 그것은 우리의 계율에 어긋나는 것이 아닌가?”
라고 항의하고 나섰다.

여인을 업어 건네준 수행자 왈(曰),

“그대는 아직도 그 여인을 업고 있는가! 나는 이미 그곳에 내려놓고 왔다네.”
라고 대답하는 것이었다.

우리는 이 각박하고 어려운 세상을 살아가면서 크고 작은 일들에 마음을 쓰면서 무거운 짐을 지고 간다. 알고 나면 짐도 아닌 짐을 불안에 떨며 계속 붙들고 산다.

그것은 오래된 습관으로 우리 의식 속에 꽉 박혀 있어 거의 반자동으로 일어난다.

다 지난 일이지만 우리 집사람은 아이들이 외출했다가 늦게 돌아올라치면, 자기가 미리 정해 논 시간이 지나고부터는 초조하게 기다리며 애태우곤 하였다.

계속 불안해하고 초조해하다가 나중에는 아예 버스 정류장까지 나가서 기다리기 예사였다.

그 또한 쓸데없는 걱정들을 습관같이 하다보니 관절염에 걸려 한동안 고생하였다.

지금은 백전노장이 되어 모든 것을 툭툭 놓아버리는

것을 잘하지만 젊었을 때는 누구나 다 그렇듯이 쓸데없이 애태우는 일이 많았다.

사실 따지고 보면 걱정만 한다고 일이 잘 해결되는 것은 아니다.

걱정해서 일이 잘 해결될 것 같으면 24시간 애써도 좋을 것이다.

대개는 이미 지나간 일, 이미 결판나버린 일에 매달려 애쓰거나 우리의 힘으로는 어찌 할 수도 없는 일에 마음쓰는 때가 대부분이다.

잘 관찰해 보면 큰 일, 큰 살림을 하는 사람들은 열이면 열 자기가 할 수 있는 것만 하고 나머지는 하늘에 맡기는 것을 잘한다.

그래서 진인사 대천명(盡人事 待天命)이요, 모사는 재인이요, 성사는 재천(謀事在人 成事在天)이라 했다.

내가 잘 아는 의사 가운데 심인성(心因性) 병에 관하여 연구가 깊은 황 박사님 말씀이 상당히 많은 병들이 심인성이란다.

위장병, 관절염 등 여러 가지 병들은 쓸데없이 노심초사해서 생긴다고 했다.

요즘에는 그것을 스트레스 때문이라고 하지만 스트

레스 역시 결국 자기 스스로가 만드는 것임을 알아야 한다.

나는 언젠가 기침 감기가 심하여 약방에서 기침에 잘 듣는다는 물약을 사서 먹은 적이 있다.

미국에서 이름 있는 물약과 똑같은 처방인데 약의 단위가 훨씬 높은 줄 모르고 먹었다가 기침은 떨어졌지만 피부에 붉은 반점이 돋아나는 부작용으로 한동안 고생하였다.

피부과 병원에서 주는 약을 계속 먹었으나 먹으면 사라졌다가 또 나타나고 계속 숨박꼭질하는 것이었다.

그때 황 박사와 상의했더니 약도 먹지 말고 잊어버리라는 것이었다.

일본에서 한 실험인데 옻을 잘 타는 사람에게 눈을 가리고 옻나무 근처를 지나가면서,

"이것은 옻나무가 아니오."

했더니 옻이 전혀 걸리지 않았다.

이번에는 눈을 가리고 다른 나무를 지나면서,

"이것이 옻나무요."

했더니 옻에 걸리더라는 것이다.

이것이 바로 심인성 병이다. 병도 마음먹기에 따라 걸리기도 하고 낫기도 한다.

눈 밝은 의사나 선사들은 사람을 척 보면 대개 안다. 그가 얼마나 쓸데없는 무거운 짐을 지고 다니는지 말이다.

어떤 선사가 그를 찾아온 사람을 보고,

"무슨 그리 무거운 짐을 들고 있는가."

했더니 그 사람 왈(曰),

"아무 것도 든 것이 없습니다."

그랬더니 그 선사는 대뜸,

"아 그러면 계속 들고 있게나."

했다 한다.

눈 밝은 이를 속일 수는 없는 것이다.

방하착(放下着), 모든 것을 툴툴 털어 버리고 홀가분하게 사는 것, 그것이 진정 멋있는 삶이다.

적게도 많게도 말하지 말라

사람이 살아가는데 단 하루도 말하지 않고 살기란 어렵다.

사람 사는 사회가 형성되려면 우선 말이 있어야 한다. 그래서 성경에도 태초에 말씀이 먼저 있었다고 했다.

우리 나라 속담에 말 한마디로 천냥 빚을 갚는다는 말이 있다. 말 한 번 잘하면 꽁꽁 얼어붙었던 마음도 금세 눈 녹듯 녹고 말 한마디 잘못하면 이제까지 친하던 친구도 금세 원수가 된다.

나는 직업상 말을 많이 해야 하고 글도 많이 써야 한다.

세월이 흐를수록 말하는 것이 참으로 어렵다는 것을

뼈저리게 느낀다.

그래서 늘 말 '잘' 하는 이들을 보면 여간 부럽지 않다.

그런데 어떻게 하는 것이 말을 잘하는 것일까. 참으로 어려운 숙제다.

그 해답을 아는 이는 이미 말을 잘하는 사람이다.

오죽 말하는 것이 어려우면 한비자(韓非子)가 자기의 책 첫머리에 난언(難言)에 관하여 썼을까.

그는 말을 너무 꾸며 화려하게 하면 신뢰성이 적고, 너무 직설적이면 남의 감정을 상하게 하며, 너무 비위 맞추는 말은 아첨꾼이란 인상을 주고, 너무 일상 생활과 동떨어진 이야기는 허황된 궤변으로 들린다고 했다.

전에 장관을 지낸 어떤 학자는,

"젊었을 때는 생각하기도 전에 말부터 했고, 중년에는 생각한 후에 말을 했는데, 요즘에는 생각한 것도 말하지 않을 때가 많다."

고 했다.

실생활에 많은 도움이 되고 지침이 될 수 있는 말이다.

부커 티 워싱턴은 미국 사람으로 대중 연설 잘하기

로 유명하였다.

흑인 노예 출신인 그는 감동적인 연설로 유명해졌고 드디어 명문 대학인 하버드 대학에서 명예 박사학위까지 받았다.

그에게 말 잘하는 비결을 묻자 그는,

"준비를 잘하는 것이 첫째요 그리고 진실을 그대로 말하는 것이 중요하다."

고 했다.

얼마나 준비를 철저히 하는지 청중은 어떤 종류의 사람들인가에 관해서도 미리 알아보고 또 강연장에도 미리 가서 주위 환경에 익숙해지도록 한다.

그렇게 준비를 철저히 하고 경험도 많은 그이지만 일단 연단에 서면 처음 5분 정도는 떨리고 쑥스럽다고 했다.

그는 청중을 항상 존중하는 마음으로 정성껏 대하고 있는 것이다. 청중을 의식은 하되 결코 가볍게 보지않고 두려워하지도 않는다는 것이다.

미국의 링컨 대통령은 명연설을 많이 남겼다.

'민주주의는 국민을 위한, 국민에 의한, 국민의 정부' 라는 그의 게티스버그 연설은 너무나도 유명하다.

그는 연설 요청이 있을 때 최소한 2주 정도의 준비

할 수 있는 시간적 여유가 없으면 결코 수락하지 않았다고 한다.

그는 항상 충분히 준비하므로 좋은 연설을 할 수 있었다.

우리 주위를 보면 쓸데없는 말을 너무 많이 해서 손해보는 이들이 많다.

자기 도취에 빠져 남이 말할 틈도 없이 혼자서 청중을 휘어잡고 이야기를 하는 사람들을 보면 한편으론 그 재주가 부럽기도 하지만 그리 좋은 인상을 주지는 못한다.

노자는,

"아는 자는 말하지 않고, 말하는 사람은 모르는 자(知者不言 言者不知)"

라고 말했다.

모르면 말하지 않는 것이 상책이다.

미국의 정치인들은 연설을 할 때 서두에 몇 마디 유머를 해서 사람들의 마음을 열게 한 다음 본론으로 들어가는 것이 하나의 관례이다.

하지만 유머의 소재를 잡기가 여간 어렵지 않다고 한다.

이태리인이나 흑인에 관련된 유머를 잘못했다가는 이태리인과 흑인의 표가 날아가 버리고 노동자나 의사에 관련된 유머 역시 그들의 표를 날려보낼 것이니 유머의 소재 잡기가 참으로 어렵다 하겠다.

나는 예전에 너무 말이 없는 사람과 몇 차례 만난 적이 있다. 그분은 정보장교 출신의 고위직 인사였는데 정보장교의 훈련 탓인지 아니면 원래 성품 때문인지 말이 전혀 없고 멀뚱멀뚱 바라보기만 하는 것이었다.

그때 나는 한창 젊은 때라 그 말없는 만남이 그렇게 불편할 수 없었다.

내가 아는 집 딸아이가 선을 보게 되었는데 한 청년은 너무 말이 많고 자기 자랑만 하여서 마지막에는 골치가 아프더란다. 또 다른 청년은 말이 너무 없어서 싫다고 했다.

모든 것이 다 그렇지만 말도 적당하게 하는 것이 역시 좋은가 보다.

기독교의 십계명 속에 거짓말하지 말라는 것이 있다. 불교에서도 거짓말과 이간시키는 말을 하지 말라는 것이 해서는 아니 될 열 가지 속에 들어있다.

법화경에서 부처님이 말씀하시길 수행자는 남의 허물을 말하지 않아야 할 뿐만 아니라 다른 이의 이름을 들면서 칭찬도 하지 말라고 하신다.

어떤 사람 앞에서 삼자의 칭찬을 지나치게 하는 것은 자칫 듣는 사람의 시기심을 자극할 수 있기 때문이다.

그리고 남에게 법을 말할 때 적게도 많게도 하지 말며 비록 불법을 좋아하는 사람에게라도 많이 설하지 말라고 하셨다.

황희 정승이 두 마리 소를 부려 밭을 가는 농부에게

"그 두 마리 소 가운데 어떤 소가 일을 더 잘하는가요?"

하고 묻자 그 농부는 소가 못 듣게 귓속말로 대답을 했다는 유명한 일화가 있다.

짐승도 그러하거늘 하물며 사람에게 있어서야 더 말할 필요가 있을까.

철을 알자

옛날 중국에 금강경을 오래 공부한 스님이 있었다.

남쪽에서 선(禪)이 성행한다는 소문을 듣고는 그 사람들을 혼내주겠다며 금강경을 싸 짊어지고 그곳으로 찾아갔다.

마침 점심때라 그곳에서 떡 파는 노파에게 떡을 사 먹으려 하자 그 노파는 그 짐속에 든 것이 무엇이냐고 물었다.

그는 금강경이라고 대답을 했다.

그러자 그 노파는 한가지 질문을 할 터이니 대답을 잘하면 점심을 공짜로 주겠으나 못하면 점심을 줄 수 없다고 하면서,

"금강경에 과거심(過去心) 불가득(不可得)이요, 현재심 불가득이며, 미래심 불가득인데 스님은 어느 마음으로 점심을 드시려 하십니까?"

라고 그 스님에게 물었다.

아무런 대답을 못한 그 스님은 점심을 포기한 채 그 노파에게 물어 이름 있는 대선사(大禪師)를 찾아가서 금강경을 불살라 버리고 진짜 마음 공부를 하여 큰 깨우침을 얻었다는 이야기다.

이것이 바로 그 유명한 덕산스님의 이야기이다.

금강경에서,

"부처님 세계가 항하사수 만큼 많을 지라도 그곳에 있는 모든 중생들의 갖가지 마음을 여래는 다 아신다.

왜 그런고 하면 여래가 설하신 '마음'이라고 하는 것은 전부 마음이 아니고 그것을 이름하여 마음이라 하기 때문이다.

왜냐하면 수보리야 과거의 마음도 얻을 수 없고, 현재의 마음도 얻을 수 없고, 미래의 마음도 얻을 수 없기 때문이니라."

라고 부처님이 설하셨다.

위에서 말한 노파의 이야기는 바로 이것을 인용한 것이며 점심(點心)이란 마음에 점을 찍는다는 뜻이 됨을 교묘히 이용하여 그 스님을 시험한 것이다.

과거, 현재, 미래라고 하는 시간 개념은 그야말로 우리 마음이 만든 상대적 개념에 다름 아니다.

그러니 실체가 있을 수 없는 것은 당연하다.

지구상에서 우리 인간이 시간을 재는데 사용하는 시계는 지구가 자전하면서 태양 주위를 공전하는 것을 기준으로 만든 것이다.

지구가 태양을 한바퀴 도는 시간을 일 년이라 하고 자전하는 것을 하루 즉 24시간으로 한다.

만일 금성에 사람이 산다면 그에게 있어서는 하루가 1년보다 길다. 금성의 자전은 지구시간으로 243일이 걸리는데 태양 주위를 한바퀴 도는 공전은 오히려 그것보다 며칠 적은 225일이 소요된다고 한다.

더구나 '지금'이니 '동시성'이니 하는 것도 상대적인 것이다.

'지금' 내가 보고 있는 저 별은 사실은 과거의 것이다. 별빛이 그 별을 떠나 내 눈에 도달하는 긴 시간을 생각해 보면 '지금'이라고 하는 것은 그런 점에서 과거를 내포하고 있다.

그러니 그 별의 현재는 곧 과거이다.

내가 보고 있는 별이 실제로 지금 이 순간 존재하는지 조차도 확실치 않다. 별이 30억 광년 떨어진 곳에 있다면 그 별은 30억 년 동안 우주 공간을 여행하여 내게 이르렀고 그 빛을 발한 후 완전히 폭발하여 우주공간에서 사라졌을 수도 있으니 말이다.

시간, 공간, 물질 등 물리적 세계에 상대적 개념을 도입한 아인슈타인의 이론에 따르면 빠른 속도로 여행하는 물체에 있는 시계는 정지해 있는 곳의 시계보다 더욱 느리게 간다는 것이다.

모든 시계가 같은 속도로 움직이는 것이 아니고 빠르게 달리는 물체 속에서는 느리게 가다가 광속에 이를 정도의 속도에 이르면 그 시계는 아주 멈춘다고 한다.

그의 이론은 1936년 미국의 벨 전화연구소의 아이브스(Ives)란 사람이 실험으로 그 사실을 확인하였다.

광속으로 움직이는 수소 원자가 방출하는 빛과 움직이지 않는 수소 원자가 방출하는 빛을 비교해보니 빨리 움직이는 수소 원자의 빛의 진동수가 아인슈타인의 공식이 예측한 대로 감소하였다는 것이다.

그런데 더욱 홍미로운 것은 시계뿐만 아니라 빨리 비행하는 물체를 타고 가는 사람의 심장박동 또한 다른 생리학적 과정과 함께 상대적으로 느려진다고 한다. 다시 말하면 더 더디게 늙어간다는 것이다.

그래서 그런 물체를 타고 멀리 여행하고 돌아와보니 지구에 있던 사람들은 이미 다 죽고 난 후일 수도 있다는 것이다.

그러나 그 본인은 그런 사실을 전혀 알 수 없고 움직이지 않는 관찰자만이 시간이 늦게 가는 것을 알 수 있다는 것이다.

버클리라는 철학자는,

"이 세상을 구성하는 모든 물체는 마음(mind)없이는 어떤 실체(any substance)도 갖지 않는다.

내가 실제로 인식하지 않는 한, 내 마음속에 존재하지 않는 한, 그들은 전혀 존재하지 않거나 영원한 정신(Eternal Spirit)의 마음속에 존재하는 것이다."
라고 말했다.

아인슈타인은 이런 생각을 더욱 끝까지 추구하여 공간과 시간과 물질이 우리의 의식과 분리될 수 없는 직관의 형태임을 보여주었다고 한다.

시간이란 존재의 탄생과 더불어 시작되었고 시간의 측정은 다른 어떤 것과의 비교에서 비로소 가능한 것이다.

우주에 어떤 물체 하나만 남겨두고 모든 것을 제거하면 그 물체가 초당 10만 킬로미터의 속도로 공간을 가고 있어도 아무도 모른다.

운동은 다른 것과 비교할 때만이 파악될 수 있고 그런 의미에서 상대적인 개념이다.

손가락 하나가 다른 것과 비교해야만 긴가 짧은가를 알 수 있듯이 말이다.

같은 시간이라도 재미있는 일을 할 때는 아주 짧게 느껴지고 재미가 없으면 지루하고 길게 느껴진다.

시계와 같이 객관적인 현실이라 믿는 것조차 운동 속도에 따라 빠르게도 느리게도 간다는데, 하물며 그 시간을 감지하는 우리의 인식이야 더 말해 무엇하겠는가.

아인슈타인이 말하길,

"공원의 벤치에 앉아서 아름다운 여성과 지내는 한 시간은 1분처럼 느껴지고 뜨거운 난로 위에 앉아있는 1분은 한시간처럼 느껴진다."

고 한다.

어떤 수행자는 호흡수련을 할 때 시간이 잠깐 지난 것 같은데 깊은 삼매에서 깨고 보면 하룻밤 또는 며칠 밤이 지났음을 알게 된다고 했다.

인생은 호흡하는 순간의 연속이다.

길다고 보면 길지만 짧다고 보면 한 찰나와 같다.

지나고 보면 한 순간 꿈과 같다.

어린 시절을 지나서 우리는 '철'이 든다고 한다.

철이란 말은 시간 개념이다.

지혜로워지고 사리 분별이 잘되는 것을 철든다고 하는데 그것은 결국 '때'를 잘 알아 알맞게 대처함을 말하는 것이다.

꽃이 때가 되어 피는 것, 동면에서 개구리가 깨어 나오는 것, 이 모든 것이 시(時)의 묘용(妙用)이 아니겠는가.

개구리가 때 이르게 나오면 얼어죽는다.

농부가 때늦게 씨를 뿌리면 농사를 망친다.

공직에 나가서도 물러날 때를 놓치면 폐가망신하기 일수이다.

특히 늙은이들이 조심할 일은 노욕으로 바둥바둥 자리에 연연하는 것이다.

물러갈 때 물러가는 것이 순리대로 사는 길이고 도를 따르는 길이다.

연암 박지원 선생이 중국의 성루에 올라가면서 느낀

것을 열하일기에서 이렇게 말하였다.

한 발짝 한 발짝, 위로 위로, 올라갈 때는 몰랐는데 정상에 이르러 내려다보니 너무 높고 어지러워 내려가기가 여간 힘든게 아니라면서 무릇 벼슬길도 그와 같다고 했다.

오를 때는 잘 모르지만 내려올 때야 비로소 내려오는 일이 여간 어렵지 않음을 안다.

우리 나라의 초대 대통령 이승만 박사는 건국 후 혼란기와 6.25사변의 어려운 시기에 나라를 잘 이끌었지만 물러날 때를 놓치고 결국 4.19 학생 혁명으로 쫓겨나 하와이 망명지에서 외롭게 말년을 보내다 돌아가셨다.

어디 그 뿐인가.

박정희 대통령은 우리 나라를 빈곤으로부터 경제적으로 일으켜 세워 오늘날 우리가 어렵지 않은 생활을 누리게 해 준 위대한 지도자였지만 그분 역시 물러갈 때를 놓치고 불행하게도 자기 부하가 쏜 총탄에 맞아 그의 생을 마쳤다.

염가 판매 전략이며 24시간 영업 등 일본 유통업계의 신화를 창조한 다이에의 나카우치 사장이 최근 물러나면서 한 고백은 물러날 때를 아는 것이 얼마나 어렵고 또한 중요한 것인가를 잘 보여준다.

그는 이렇게 말했다.

"너무 오랫동안 진두 지휘를 하다 보니, 내가 나서지 않으면 아무도 움직이지 않는 회사가 되어 버렸다."

그리고,

"지난 40년간 즐거운 일은 하나도 없었다."

는 것이 그의 솔직한 고백이었다.

일본의 유명한 자동차 메이커 혼다(本田) 사장은 그의 카리스마가 회사 발전에 더 이상 기여하기는 커녕 오히려 방해가 된다고 느끼자 60대 중반에 흔쾌히 은퇴하였다.

그분은 물러날 때를 잘 알고 실천한 것이다.

사람들이 갈 곳 안갈 곳을 잘 구분하는 것도 지혜롭게 사는데 중요하지만, 오히려 더욱 중요한 것은 나갈 때와 물러갈 때, 일할 때와 쉴 때를 잘 아는 시간의 지혜이다.

자비행(慈悲行)

옛날에 한 노파가 산 속 암자에 있는 한 수행자에게 매일 공양하길 20여 년간 하였다.

하루는 자기 딸에게 음식 공양차 가거든 그 수행자를 껴안고,

"이럴 때는 어떻습니까?"

하고 물은 다음 그의 대답을 듣고 오라고 일렀다.

그 처녀가 그 스님을 껴안고 노파가 시키는 대로 묻자 그 수행자는,

"고목이 얼음같이 찬 바위에 의지하여 있으니 따뜻한 기운이 전혀 없도다."

라고 대답했다.

그것을 전해들은 노파는 그동안 속물에게 헛공양했다면서 그 암자를 불살랐다고 한다.

이것이 유명한 파자소암(婆子燒庵)의 이야기다.

노파가 불사른 암자의 수행자는 어찌 그리도 처녀의 마음 하나 헤아리지 못하는가.

한 20여년 수행하였으면 적어도 타심통(他心通)쯤은 가져서 척 그 처녀의 마음을 헤아려 그 당시의 상황에 알맞은 적절한 응대를 했어야 했다.

우리가 수행하는 것은 더욱 지혜롭고 자비롭고 따뜻한 마음을 가진 인간이 되고 성불하기 위함이다.

그런데 수행을 하면 할수록 괴팍해지고 인정이 메마르고 사회를 기피하게 된다면 그것은 잘못된 수행임을 알아야 한다.

한바다 저(著) <마하무드라의 노래>에 이런 이야기가 있다.

하루는 와륜(臥輪)이란 선승이 자기는 모든 생각을 쉽게 끊어 버리는 능력이 있어서 경계(境界)를 대하여도 마음이 전혀 일지 않고 깨달음이 날로 증장된다고 말하니,

혜능선사 왈,

"혜능은 재주가 없어 어떤 생각도 끊지 못하고 경계를 대하여도 수시로 마음이 일어나니 깨달음에 어찌 자라남이 있으랴?"
고 했다 한다.

자기가 통제하지 못하는 생각이 문제이지 자유자재로 생각을 쓴다면 아무런 문제될 것이 없다.

혜능이 말하는 무념(無念)이란 아무 생각도 없음을 말하는 것이 아니다.

살아있는 사람이 아무 생각도 없다면 그것은 산 송장이 아니겠는가.

성철스님의 백일법문(百日法門)에 따르면,

"무(無)라 함은 상대의 두 가지 상(二相)이 없음을 말하고 모든 진로(塵勞)의 망심이 없음이다. 념(念)이라 하면 진여본성을 생각하는 것이다."

무념이란 양변을 여읜 진여의 념이며 곧 중도정각(中道正覺)을 말한다.

욕심을 버리고 아무 생각도 안 하는 것이 수행의 궁극적 목적은 아니다.

수행이 깊고 도가 지극하면 그 결과로 욕심과 망념이 자연히 사라지게 된다.

또한 어떤 경계를 대하여도 흔들리지 않을 수도 있고 자기의 욕심을 채우기보다는 남을 위하는 자비심에서 짐짓 욕심을 낼 수도 있다. 그것이야말로 자유자재의 경지일 것이다.

성철스님의 본지풍광석평(本地風光釋評)에 보면 이런 얘기가 있다.

오조(五祖) 홍인 대사의 수제자였던 신수와 혜안선사가 당나라 측천무후의 초청으로 함께 궁에 들어갔다.

국사를 뽑기 위하여 두 선승을 부른 측천무후는 두 사람의 도력을 시험하기 위하여 예쁜 궁녀로 하여금 두 사람을 목욕시키도록 하였다.

그리고 문틈으로 그 광경을 엿보니 혜안스님은 부동(不動)인데 신수대사는 욕이 발동(發動)하였다 한다.

그리하여 혜안스님을 국사를 삼아 가는 곳마다 수행케 하였다는 일화는 도가 지극하여 어떤 경계를 대하여도 마음이 흔들리지 않음을 보여준다.

음욕과 성냄과 무명을 여의는 것을 해탈이라 한 것은 증상만(增上慢) 즉 최고의 깨달음에 이르지 못했으면서 깨달았다고 하는 성문승(聲聞乘)에게 설한 것이고 그러한 교만심이 없는 사람들에게는 음욕과 성내는 마음과 무명이 곧 깨달음이라고 유마경은 설하고 있다.

모든 번뇌와 음욕심을 끊는 것이 수행의 궁극적 목적이 아니고 오히려 그것만을 목적으로 하면 불종자(佛種子)를 끊는 것이 된다고 경고하였다.

모든 번뇌를 끊은 성문승은 불법 가운데 아무런 이익이 없다.

더러운 연못에서만 연꽃이 자라고 피어나듯 번뇌와 음욕심과 무명이 여래의 종자이며 수미산과 같은 아견(我見)이 있어야 위없는 보리심을 발하여 불법에 들게 된다고 하였다.

"일부러 탐욕을 행하여도 애착을 여의며, 일부러 성내어도 중생을 미워함이 없으며, 일부러 아내와 첩과 시녀를 두었으나 항상 오욕(五欲)을 멀리 여의는 것, 그것이 바로 불도를 통달하는 것이다"
라고 유마경은 설하고 있다.

이홍우 저(著) <공성의 피안길>에 보면 이런 이야기가 있다.

경허선사는 비 내리는 어느 날 동냥차 절을 찾아온 문둥병에 걸린 처녀에게,

"네가 여자로 이 세상에 태어나 누려야 할 재미를 맛보지 못했구나."
하면서 자기 방으로 불러 들여 따뜻한 음식을 주고 그 때부터 한 방에서 기거하였다 한다.

그것을 보다못한 그의 법제자인 만공스님이,

"이제 더는 그대로 볼 수가 없습니다."
하고 내보낼 것을 주장하자 그는,

"만공은 아직도 경계에 끄달리는가?"
하면서 그 처녀를 내보냈다는 것이다.

그 후 경허선사는 피부병으로 고생하였다고 전해지고 있다.

이와 유사한 일화가 더 있지만 그것이 자기 욕심만 채우기 위함이 아니고 상대를 위함이었다면 그것은 누구나 하기 어려운 자비행에 다름 아니다.

그러나 요즘 수행의 기초인 행소욕(行少欲)도 하지 못하면서 자비행(慈悲行)을 빙자하여 괴상한 짓을 하다 망신하는 이름뿐인 수행자들은 또 얼마나 많은가.

우리 나라 조계종 총무원장 선거를 둘러싼 종단의 분규를 보고 있노라면 마음이 무겁기 그지없다.

수행자들의 집단이 어찌 저 지경에 이르렀는가 한심할 뿐이다.

우리 나라에서도 남을 위하여 자기 몸을 내던질 수 있는 정치인, 종교인, 자비행을 할 줄 아는 상공인들이 많이 있다면 지금보다는 훨씬 살기 좋고 살맛나는 세상이 될 것이다.

담담한 죽음

이 세상을 어떻게 살아가느냐도 중요하지만 어떻게 죽느냐도 매우 중요하다.

티베트에서는 죽는 순간이 해탈과 환생의 갈림길이 되므로 어떻게 죽어야 하는가에 매우 큰 의미를 부여한다.

그리하여 살아 있을 때의 수행을 죽음과 동시에 해탈 성불하기 위한 준비로 여긴다.

얼마전 118세에 돌아가신 우리 나라의 탄공스님은 생전에 그가 돌아가실 날을 미리 제자들에게 알려주고 그날 자정까지 신나게 춤을 추고 노래하며 놀다가 자정이 되어 앉은 채 주무시듯 이 세상을 떠나셨다.

대부분의 사람들은 이 세상에 태어남도 떠나감도 자기 마음대로 할 수 없다.

그러나 깨우친 성자들은 태어남도 자기 마음대로 하거니와 죽는 것도 자유자재로 선택한다.

그리하여,

"내가 아무날 아무시에 죽을 것이다."

고 하는 것은 그의 죽음이 그때 오리라는 것을 예언하는 것이라기보다는 그날을 택하여 떠날 것이라는 그의 결심으로 보아야 할 것이다.

중국의 방거사는 고향의 한 동굴에서 2년 동안 지내다가 이 세상을 떠날 때가 되었다고 생각하고 그의 딸에게 해가 중천에 이르면 알려 달라고 부탁한 후 가부좌하고 삼매에 들어갔다.

딸이 들어와서,

"지금 해가 중천에 이르렀는데 방금 일식이 일어났으니 이리 오셔서 보세요."

하고 말하자 그는 밖으로 나갔다.

그 즉시 딸이 방거사의 자리에 앉아서 곧바로 이 세상을 떠났다고 한다.

방거사는 여식의 장례를 치르고 7일 후에 친구의 무

릎을 베고 누워서,

"이 세상의 모든 것은 공하다. 그러니 공한 것을 실재한다고 여기지 말고 환영 같고 메아리 같은 이 세상에서 조심하며 살아가게."

라는 마지막 말을 남기고 이 세상을 떠났다고 한다.

수행을 한 이들은 생사를 마음대로 할 뿐만 아니라 죽음에 있어서도 아침에 밥 먹고 차 마시듯 담담하다.

중국의 어떤 스님은 그의 제자들에게,

"그동안 대선사들은 대체로 앉아서 죽거나 누워서 죽었다. 그런데 서서 죽은 사람이 있었던가?"

하고 물었다.

그런 분이 있다고 누군가 대답하자,

"그러면 나는 거꾸로 선 채로 죽을 것이다."

라고 하면서 물구나무 선 자세로 이 세상을 떠났는데, 그가 입은 옷은 하나도 흐트러지지 않고 평상시와 조금도 다름이 없었다고 한다.

20세기 인도 성자 중의 한 사람인 라마나 마하리쉬의 손에 생긴 암이 점차 악화되자 의사들은 손을 절단할 것을 그에게 권유하였다.

그는,

"그럴 필요가 없습니다. 이 몸 자체가 병입니다. 그러니 그것을 그냥 놔두십시오."
하면서 거부하였다.

그리하여 손을 자르지 않고 두어 차례의 간단한 수술을 했지만 결국 낫지 않고 1950년 임종을 맞게 되었다.

그는 고통에 대하여 전혀 개의치 않았으며 병의 진행을 흐르는 강물 바라보듯 관조할 뿐이었다.

그의 눈은 예전과 다름없이 맑고 빛났으며 자비심으로 충만하였다.

몸이 쇠약해졌지만 많은 방문객을 종전과 같이 면담했고 이 육체가 내가 아니라고 강조하였다.

4월 14일 저녁 임종이 가까워지자 그는 일으켜 앉혀 달라고 하여 맑고 부드러운 눈을 뜨고 잠시 그대로 앉아 있었다.

얼굴에는 조용하고 자비로운 미소를 떠올린 채 숨을 거두었는데 그때 그의 한쪽 눈에서는 눈물이 한 방울 맺혀 떨어졌다.

신성한 아루나찰나 산을 좋아한 그는 그곳에서 살며 많은 제자를 가르치다 조용히 이 세상을 떠났다.

우리 범인들은 육체가 허물어지는 것을 죽음이라 하고 죽는 것을 몹시 두려워하지만 깨우친 이들은 그것을 전혀 두려워하지 않는다.

태어나는 일이 자연스러운 일이라면 죽는 것 또한 그렇다고 여긴다.

장자에 이런 이야기가 있다.

노담이 죽었을 때 진일이 문상을 가서 형식적으로 곡을 세 번하고 나왔다.

노자의 제자가,

“그분은 선생의 벗이 아닙니까? 그것으로 문상의 예가 되겠습니까?”

하고 말하자 그는,

“그가 어쩌다 이 세상에 태어난 것은 태어날 때를 만났기 때문이며 이 세상을 떠난 것도 죽을 운명을 따랐을 뿐이다.

때에 편안히 머물러 자연의 도리를 따르면 기쁨이나 슬픔 따위의 감정이 끼여들 여지가 없다네.”

라고 대답했다.

배고플 때 밥 먹는 일이나 잠이 올 때 잠자는 일이 자연의 도리인 것처럼 나고 죽는 일도 자연의 도리에 다름 아니다.

티베트의 밀레르파는,

"죽음의 공포 속에서 나는 산과 들을 바라보며 언제 닥칠지 모를 죽음에 대하여 명상한다.

마음의 죽지 않음(不死性)과 영원함(不斷性)을 알고 나니 죽음에 대한 모든 공포가 사라졌다."

고 노래했다.

깨우친 이들은 육신이 허물어지는 것을 죽음으로 보지 않는다.

파도가 허물어져 다시 바다로 돌아가듯 이 육신이 허물어져 저 푸른 하늘 같은 불성(佛性)에 계합하고 자연으로 다시 돌아간다고 보는 것이다.

우리가 인간으로 태어난 이상 누구나 죽음을 피할 수는 없다. 조금 늦고 조금 빠르고의 차이는 있겠지만 누구나 언젠가는 죽음을 맞이하게 된다.

죽는 순간에 불안해하거나 두려워하거나 당황해하지 않고 모든 집착을 버리고 편안하고 담담하게 죽음을 맞이하려면 어떻게 죽을 것인가를 한 번쯤 생각해 보는 것이 좋지 않을까.

자유

서양 사상 가운데 불교철학과 매우 흡사한 것이 프랑크푸르트학파가 재창한 비판철학 이론이다.

비엔나가 과학철학의 메카라면 프랑크푸르트는 비판철학의 중심지이다.

과학철학은 경험적 사실로서 증명되는 것만을 과학적 진리로 받아들인다. 이러한 과학철학 사상이 한때 서구를 풍미했던 행동과학을 낳기도 했다.

그 반면에 비판철학자들은 칼 맑스의 비판정신을 계승하여 인간의 자유와 평등을 구속하고 제한하는 모든 사상과 사회 제도를 비판하여 인간을 그 제도의 구속과 질곡으로부터 해방시킴에 초점을 두고 있다.

거의 모든 제도가 인간의 자유와 평등을 명분으로 만들어졌음에도 불구하고 세월이 지나 실제 운영을 보면 그 반대의 경우가 더 많기 때문이다.

호크 하이머와 아도르노의 뒤를 이어 비판이론을 더욱 발전시킨 하버마스(Habermas)는 인간에게 있어서 세 가지 큰 관심이 있는데 그것은 자연을 통제하고 정복하려는 관심, 먹고살기 위하여 노동을 하면서 갖게 되는 의사소통적 관심 그리고 인간을 구속에서 해방시키려는 해방적 관심이라 하였다.

그의 이론에 따르면 자연 정복의 관심에서 자연과학이 발달했고, 의사소통적 관심에서 역사 · 사회 인문학이 발달했으며, 마지막으로 해방적 관심에서 발달한 것이 바로 비판철학이라 했다.

그리고 그는 현대 과학시대의 위기는 자연과학의 진리 검증방법이 우리의 다른 생활 영역에까지 기계적으로 적용되면서 일어난다고 보았다.

정치원리로서의 민주주의는 서로 다른 주장의 진위 검증에 있어서 자연과학적 방법과는 다른 것에 기초하여야 한다고 주장한다.

그리하여 인간에게 억압적이며 불평등적인 모든 사상과 제도가 비판철학의 의제가 되었다.

그들의 목표는 인간의 자유와 평등을 억압하고 구속하는 기존 질서, 제도 그리고 고정관념들을 비판하여 무너뜨리거나 고쳐 나가는 것이다.

우리들의 사상과 제도가 인간에 의해 만들어진 관념적 구성체(mental constructs)이며 이것이 인간을 엄청나게 구속할 수도 있다는 것을 인정한 그들의 이론은 불교철학과 매우 흡사하다.

불교 수행의 궁극적 목적은 성불하는 데 있으며 성불하려면 해탈과 깨우침이 있어야 한다.

우리는 살아가면서 여러 가지 괴로움을 겪는다.

마음의 괴로움은 대개 우리가 만든 생각이 우리를 구속하고 억압할 때 일어난다.

마음이 편치 않다고 하는 것은 우리의 마음이 무엇엔가 걸려서 이러지도 저러지도 못하고 부자유스럽고 괴로운 상태를 말한다.

그리하여 많은 불교의 가르침은 우리들의 그릇된 생각, 뒤바뀐 생각들을 깨어 부수고 그 생각이라는 것이 아무 근거 없는 허상임을 깨닫게 함으로써 고통의 근원인 망념과 망집을 쉬게 하고 그것으로부터 해방되게 하는 데 초점을 두고 있다.

그리하여 우리가 거침 없고(無碍) 자유자재하는 대자유인이 되게 한다.

달마 어록에 보면 이런 얘기가 있다.

사람들은 산에 있는 바윗돌에는 아무 생각 없이 앉아서 잘 쉬기도 하고 드러누워 잠도 자는데, 그 돌을 빛어서 불상을 만들어 놓으면 그 앞에 가서 공손히 절하고, 또 그 돌로 도깨비 상을 조각해 놓으면 무서워서 가까이 가려고도 하지 않는다고 한다.

사람들이 불상과 도깨비라는 생각에 사로잡혀 있어 마음이 자유를 잃고 있음을 지적한 것이다.

어떤 수행자가 선사를 찾아갔다.

왜 왔는냐고 묻는 선사에게 수행자는,

"해탈을 얻고 싶어서 왔습니다."

라고 대답했다.

선사가

"누가 너를 구속했는가."

하고 묻는 순간 수행자는 곧 큰 깨달음을 얻었다고 한다.

나를 구속하는 것도 나요 그것을 푸는 것도 나다. 원래 구속이라는 건 없는데 구속되었다는 그 생각이 바로 큰 구속일 것이다.

우리의 마음과 의식은 시작 없는 시작부터 인간이 만든 여러 생각들로 꽁꽁 묶여 있다.

우리는 자유로이 사고와 행동을 한다고 하지만 오랫동안 입력된 생각들, 지식과 정보에 따라 거의 자동적으로 로보트같이 행동하고 있다.

그런 인간이 만들어 놓은 생각들에 얽매이지 않으면 자유와 해탈을 얻을 수 있고 그렇지 못하면 스스로 만든 고치 속에 갇힌 누에 꼴이 되고 만다.

불교에서 이러한 해방적 관심을 체계화하고 방법을 제시한 것이 나갈쥬나(Nagarjuna)에 의하여 제창된 중도철학이다.

비판철학이나 중도철학은 비판을 통해 어떤 명제의 허구성을 들어낼 뿐 스스로 명제를 세우지는 않는다.

우리의 사고와 언명(言命)은 이분법(二分法)위에 놓여 있으므로 어떤 명제를 세우는 것은 그 자체가 하나의 변견(邊見)일 뿐 실상이 아니기 때문이다.

그리하여 유마거사는 불이법문(不二法門)에서 무엇이 불이(不二)인가에 대하여 결국은 침묵으로 대답 아닌 대답을 한 것이다.

옛날 중국에서 어떤 스님이 어느 절에 하루 저녁 묵게 되었는데, 방이 어찌나 춥던지 땔감을 찾던 중 마땅한 땔감이 없자 그 절에 있는 목불(木佛)을 쪼개서 아궁이에 넣고 불을 지폈다.

그러자 그것을 본 그 절의 노승이,

"부처님을 그렇게 함부로 하면 되는가."

라고 객승을 크게 나무라자,

객승 왈,

"부처가 사리가 나오는가 안 나오는가 알아보려고 그랬노라."

하였다는 것이다.

한 생각 자유로우면 하루 저녁 따뜻하게 보낼 수도 있고 한 생각 걸리면 얼어죽을 수도 있다.

3. 마음과 한마음

나라는 것
공(空)과 중도(中道)에 관한 부처님 말씀
마음
마음과 한마음
중생과 부처
자력수행(自力修行)과 부처님의 가호(加護)
방편설과 궁극의 가르침
법화수행(法華修行)

나라는 것

우리는 이 세상을 혼자 사는 것이 아니라 사람들과 더불어 부딪치며 살아가고 있다.

그리하여 사람들과의 관계 속에서 여러 가지 갈등과 고통을 받는다.

부부간, 부모와 자녀간, 친구지간, 상사나 부하 또는 동료지간 이런 여러 관계의 사람들과 어울려 살면서 때로는 싸우고 때로는 사랑하고 협력하며 사는 것이다.

사람들과의 갈등과 그로부터 오는 고통의 근원은 결국 아상(我相) 즉, '내가 있다'는 생각, '나의 것'이라는 생각에 있다.

그리하여 부처님은 성도(成道) 후, 특히 초기에 우리

의 마음 속 깊이 자리잡고 있는 아상을 깨부수고 뿌리 뽑는 일에 많은 노력을 하셨다.

모든 사람들이 부처님같이 곧바로 깨우쳐 '나'라는 생각이 없고 나와 남이 둘이 아님을 안다면야 얼마나 좋으련만 시작 없는 시작부터 쌓여 온 업식(業識)으로 굳게 자리잡은 아상과 관념적으로 생각하는 습성때문에 그 일은 쉽지 않았다.

그리하여 방편으로 그들의 사고 습성에 따라 아상의 허구성을 들어내는 일에 많은 시간 애쓰셨다.

인연 따라 생겼다 인연이 다하면 소멸하는 모든 것은 결국 고정불변의 실체가 없다는 것을 보여 주셨다.

이것이 이른바 연기설법이다.

"이것이 있으므로 저것이 있고 저것이 소멸하므로 이것이 소멸한다."

로 간단히 표현된 것이 바로 초기의 연기설이다.

이것을 더욱 구체화시킨 것이 12인연법(因緣法)으로, 무명(無明)이 인연되어 행(行)이 있고, 행이 인연이 되어 식(識)이 있고, 식이 인연이 되어 명색(名色)이 있고, 명색이 인연이 되어 육입(六入)이 있고, 육입이 인연이 되어 촉(觸)이 있고, 촉이 인연이 되어 수(受)가 있고, 수가 인연이 되어 애(愛)가 있고, 애가 인연이 되어 취(取)가 있고, 취가 인연이 되어 유(有)가 있고, 유가 인연이 되어 생(生)이 있고, 생이 인연이 되어 노사우비고뇌(老死憂悲苦惱)가 있다는 것이다.

이것을 역순으로 해도 마찬가지이다. 즉 무명이 멸하면 행이 멸하고 행이 멸하면 식이 멸하고...... 생이 멸하면 노사우비고뇌가 멸한다.

또 다른 접근은 존재하는 모든 것은 결국 여러 가지 구성 요소가 모여 이루어졌으며, 그 구성요소들이 시시각각으로 변하니 어느 것을 가리켜 고정불변하는 실체인 나라고 할 수 없다는 것을 알게 하는 것이다.

밀란타 왕문경에 밀란타 왕이 인도의 고승 나가세나에게 이름이 무엇이냐고 물었다.

그러자 그 고승은,

"나는 나가세나라는 이름으로 알려져 있다.

그러나 이 나가세나라는 것은 사실 명칭이요 가명(假名)이요 단순한 이름일 뿐 그 이름에 실체적 개아(個我)가 없다."

고 답하였다.

그러면서 그는 왕이 타고 온 수레를 비유로 들어 '나'라는 것의 허구성을 설명하였다.

그리하여 차체, 수레바퀴, 멍에 등 수레의 구성요소들이 단순히 모인 것이 수레가 아니며 그렇다고 그러한 요소들을 떠나서 수레가 있는 것도 아니라는 것을 그 왕으로 하여금 깨닫게 한 것이다.

황아무개라는 이름은 그가 이 세상에 태어나서 죽을 때까지 같은 이름이지만 그 이름이 지칭하는 대상은 어릴 때 다르고 소년시절 다르고 청년시절, 노인시절 다 다르다.

키도 다르고 모습도 다르다.

뿐만 아니라 우리를 구성하고 있는 세포들은 계속 나고 죽음을 반복한다.

우리의 두뇌를 제외한 모든 세포는 2~3년이 지나면 다 재생되어 바뀐다.

예를 들어 췌장은 만 하루가 지나면 그전의 세포는 다 죽고 새로운 세포들로 구성된다고 한다. 그러니 그 췌장은 그전의 췌장도 아닌 것이다.

위장 벽의 세포는 3일마다 다 바뀌고 백혈구의 세포는 10일 내에 다시 새롭게 재생된다.

그러니 어제의 나는 오늘의 내가 아니다.

우리가 쓰는 언어는 토끼의 뿔이나 쥐뿔과 같이 전혀 현실적으로 존재하는 대상이 없는 말도 있지만, 대개의 경우 언어는 우리가 현실로 존재한다고 믿는 어떤 대상을 지칭하며 우리는 그 대상이 변하지 않는 실체성을 가지고 있다고 생각한다.

언어와 그 대상 간에는 대응하는 일치성(correspondence)이 존재한다고 생각하지만 잘 살펴보면 그렇지 않다는 것을 나가세나는 밝히고 있다.

우리가 한국은 어떻고 미국은 어떻고 할 때 그 한국과 미국이 지칭하는 나라(國家)는 사실 요것이다 하고 실체를 잡아내기 어렵다.

미국, 즉 U.S.A는 독립 후 지금까지 그 이름은 같지만 그것이 지칭하는 대상은 150년전과 지금이 다르다.

매년 새로운 사람들이 탄생하고 또 있던 사람들이 죽어 없어짐이 반복되어 몇 년 지나면 '미국인'이란 이름이 지칭하는 대상은 그 전과 전혀 다른 존재가 된다.

우리가 흔히 '일본놈들' 하고 욕하지만 우리 나라를 병탄했던 일본인들과 같은 사람들이 아닐 수 있다.

우리들의 생각하는 습성에 맞추어 이와 같이 분석적인 접근을 하긴 했지만 이러한 방법은 자칫하면 오히려 사람들로 하여금 더욱 생각과 관념의 늪 속에 빠뜨릴 위험이 많다.

그리하여 부처님께서는 열반경에서 우리가 가지고 있는 그릇된 나라는 생각(我相)을 깨뜨리기 위하여 방편으로 내가 없음을 보이신 것이며 사실 여래(如來), 법신(法身)의 입장에서는 상·낙·아·정(常樂我淨)이라 했다. 무상(無常)이 아니라 상(常)이며 무아(無我)가 아니라 아(我)이며 고(苦)가 아니라 낙(樂)이며 부정(不淨)이 아니라 정(淨)이다. 이것이 다름 아닌 열반 사덕(涅槃 四德)이다.

공(空)과 중도(中道)에 관한 부처님 말씀

틱나트한 스님이 쓴 흰 구름 옛길(Old Path White Clouds)이란 책에 공과 중도에 관한 부처님 말씀이 잘 묘사되어 있어 여기에 요약해 보았다.

한때 제자들이 부처님께,

"세계란 무엇이며 법이란 무엇입니까?"

하고 여쭈어 물었다.

부처님께서,

"세계란 항상 변하며 해체되는 모든 삼라만상의 집합체이니라."

고 대답하시면서 모든 법(法)은 18계(안이비설신의의 6근과 그것의 6식 그리고 그것의 대상이 되는 6경을 합한 것)에 다 포함된다고 하셨다.

이 18계는 생성, 변천 그리고 소멸을 거듭한다.

이어서 어떤 제자가,

“모든 법은 공(空)하다고 하셨는데, 공이란 무엇입니까?”

하고 여쭈었다.

“모든 법은 독립된 불변(不變)의 개아(self)가 없으므로 공하다.”

고 대답하셨다.

공하다(empty)느니 꽉 찼다(full)느니 하는 것은 어떤 ‘것’이 비었고 찼다는 것으로서 모든 법이 공하다는 것은 불변의 개아가 없다는 뜻이다.

색수상행식(色受想行識) 즉 오온(五蘊)이 공하다는 것도 마찬가지 뜻이다.

“모든 법이 아(我)가 없어 공하다면 이러한 법은 실제로 존재합니까?”

하고 어떤 제자가 다시 질문하였다.

그러자 부처님은 옆에 있는 물이 든 그릇을 집어들고 물었다.

“이것은 무엇으로 차 있는가.”

제자는,

“물론 물로 가득합니다.”

라고 대답하였다.

이어서 부처님이 물을 쏟아 버리고 다시 물었다.

"이제 이 그릇은 비었는가?"

제자는,

"물론 빈 그릇입니다."

라고 대답하였다.

그러자 부처님은 물은 없지만 대신 공기로 가득 차지 않았느냐고 되물으시면서 비었거나 찼다는 것은 그릇 없이는 있을 수 없고 그릇이 존재함으로서 비어있음과 비어있지 않음도 있게 됨을 알려주셨다.

그러자 제자는,

"그러면 법은 실제로 존재합니까?"

하고 물었다.

부처님께서는,

"조심하여라. 언어나 문자에 잡히면 안된다."

고 당부하시면서,

"법이 아(self)가 없는(empty) 현상이라면 그의 존재는 일반적으로 인식하는 그러한 존재는 아니다."

라고 대답하셨다.

물그릇은 지(地)·수(水)·화(火)·풍(風) 등 여러 가지 요소로 구성되어 있다. 그릇 속에는 흙도 들어 있고 물도 들어 있고 또 공기와 불도 들어 있다.

따라서 이들 요소를 물은 강으로, 흙은 땅으로 하는 식으로 모두 원위치로 뒤돌려 버리고 나면 아무것도 남는 게 없고 그릇은 존재하지 않는다.

이와 같이 연기법(緣起法)으로 보면 그릇은 독립적으로 존재할 수 없는 것이다. 그릇은 다른 모든 법에 의존해서만 존재할 뿐이다.

하나의 법의 존재는 곧 다른 법의 존재를 의미한다.

"이 속에 저것이 있고 저 속에 이것이 있느니라. 예를 들면 파도는 바닷물이고 바닷물은 파도이다.

지금 내가 설법하고 있는 이 법당에는 시장(市場), 물소, 마을은 없지만 연기의 입장에서 보면 시장, 물소, 마을의 존재 없이 이 법당은 존재할 수 없다.

이것이 없으면 저것이 없고 저것이 있으므로 이것이 있는 것 이것이 공(空)의 근본 뜻이니라."

고 부처님께서 자세히 설명하셨다.

이 물그릇을 깊이 관찰하면 우리들은 온 우주를 볼 수 있다. 이 그릇이 곧 우주를 포함하고 있다.

이 그릇이 갖지 않은 것은 단 한가지뿐인데 그것은 바로 독립된 불변의 개아(個我)이다.

따라서 어떠한 법, 즉 삼라만상은 다른 법에 독립하여서는 존재할 수 없고 독립된 아(我)가 없다.

이것이 공(空)의 의미이며 공은 아가 없음이다.

우리 인간을 구성하는 오온 즉 색수상행식(色受想行識)도 마찬가지이다. 색이 없으면 수상행식도 없고 수가 없으면 다른 것들도 없다. 18계도 이와 같다.

이것은 허무주의인 단견(斷見)이 아니다.

이 세상에는 두 가지의 그릇된 견해(邪見)가 있다.

하나는 유(有)의 견해이고 다른 하나는 무(無)의 견해이다.

위에서 내가 설명한 대로 모든 존재의 실상(實相: the true nature of reality)을 알면 이러한 사견 즉 변견(邊見)에 떨어지지 않는다.

정견(正見)을 가진 사람은 모든 법의 생멸과정을 바로 알고 유무(有·無)의 관념에 흔들리지 않는다.

고통이 생기면 그렇게 알고 그것이 소멸하면 또 그렇게 알 뿐이다.

상견(常見: 有의 見)과 단견(斷見: 無의 見)은 둘 다 변견(邊見: extreme view)이다. 연기(dependent co-arising)를 알면 변견을 초월하며 중도(中道)에 든다.

유무의 관념은 실상(實相)과 맞지 않으며 실상은 이러한 관념을 초월해 있다.

깨우친 사람은 유무의 관념을 초월한 사람이다.

생사(生死) 또한 유무와 마찬가지로 관념일 뿐이다.

상대적인 관념 수준에서는 생과 사가 있지만 절대적인 관점에서 보면 모든 법은 그 본질상(by nature) 불생불멸(birthless and deathless)이다.

보리수는 씨앗에서 싹이 트고 자라서 나무가 되었다. 사람들은 보리수가 땅에서 나오기 전에는 보통 존재하지 않았다고 한다.

그러나 어떠한 것도 무(無)에서 나오지 않는다.

보리수는 씨앗에서 나왔으니 씨앗의 연속에 불과하고 그것의 변형(transformation)에 불과하다.

그러므로 보리수의 성질(nature)은 불생(不生)이다.

보리수가 뿌리내린 후 씨앗은 죽었는가?

일반적으로는 그렇다고 보지만 사실은 그렇지 않다.

죽는다는 것은 존재 즉 유(有)에서 부존재(不存在) 즉 무(無)로 돌아가야 하는데 씨앗은 그 형태만 바뀌었을 뿐 죽은 것이 아니다.

그러므로 불멸이다.

모든 법은 다른 법으로 형태만 바꿀 뿐 불생불멸이다.

생사(生死)와 생멸(生滅)은 다만 우리가 편의상 만들어낸 관념일 뿐이다.

그리하여 모든 법은 비어있는 것도 아니요 찬 것도 아니며 생(生)도 아니고 사(死)도 아니다. 깨끗함도 아니요 더러움도 아니며, 느는 것(增)도 아니요 주는 것(減)도 아니요, 옴도 아니요 감도 아니다.

이러한 것은 모두 관념일 뿐이다. 이와 같이 모든 법의 공성을 알면 모든 차별적 관념을 초월하여 실상(the true nature of all things)을 알 수 있다.

불생불멸은 바다와 그 위에 일어났다 꺼지는 파도를 보고서도 잘 알 수 있다.

파도도 물이고 바다도 물이다.

파도가 일어났다 꺼지는 것은 형태의 변화일 따름이지 같은 물임에는 틀림없다.

파도는 바닷물에서 생겼지만 물이며 꺼졌어도 그것 역시 물로서 물인 바다로 다시 돌아갈 뿐이다.

만일 파도가 이를 안다면 죽음을 두려워하고 죽는다고 근심하지 않는다.

마음

불교만큼 마음에 대하여 많은 논의를 한 종교도 없을 것이다. 그만큼 마음은 불법에 있어 매우 중요한 위치를 점하고 있기 때문이다.

서역에서 온 달마가 제자가 되고 싶어 찾아온 혜가에게 불법에 입문하려는 동기를 묻자,

"저는 마음이 편안치 않습니다. 이 마음을 편안하게 해 주십시오."

하고 혜가가 대답했다.

그러자 달마는,

"그 편치 않은 마음을 가져와 보시오. 그러면 편안하게 하여 주겠소."

라고 말했다.

혜가는 그 마음을 찾아보았지만 도저히 찾을 수 없었다.

그는 그것을 아는 순간 깨우침을 얻었다고 한다.

달마의 그 한마디가 계기가 되어 지금껏 안과 밖으로 대상을 쫓아 헤매던 혜가의 마음은 비로소 회광반조(回光返照)하게 되었으리라.

그는 스스로 내면을 관조함으로서 번뇌심을 잠재울 수 있었다.

우리는 마음의 작용을 통해 시시각각 마음의 존재를 체험한다.

남을 미워하는 마음, 그리워하는 마음, 괴로워하는 마음 등 우리의 마음은 작용에 따라 여러 가지 모습으로 우리에게 그 존재를 확인시켜 주지만, 대상이 없으면 그 작용도 쉬고 그 마음이 있는지 조차 모른다.

이와 같이 마음이 대상에 따라 이리저리 날뛰는 것은 마치 원숭이가 이 나무 저 나무 옮겨 뛰어 다니는 모습과 같다.

이것이 우리 중생심(衆生心)이다.

대상에 따라 끊임없이 움직이는 우리의 마음은 마치

닥치는 대로 붙들고 빨아대는 어린아이들과 같다고 할까.

아무 것이나 손닿는 대로 입에 넣고 빠는 어린아이들을 달래고 보호하기 위하여 만들어낸 것이 가짜 '젖꼭지'이다.

아이들이 그것을 빨고 있는 한 다른 위험하고 더러운 물건을 빠는 일은 없으니 부모들은 안심한다.

'화두(話頭)'라는 것도 그런 것이리라.

이것저것 닥치는 대로 붙들고 이 생각 저 생각 번뇌하는 우리의 마음을 우선 화두 하나만을 붙들고 있게 함으로서 다른 백 가지 생각과 번뇌를 차단시키는 것이다.

한 나뭇가지에 불을 붙여 장작불을 다 태우듯이 마지막에는 화두를 붙드는 그 마음조차 뛰어넘어 자성청정심(自性清淨心)을 드러낸다.

이런 방편으로서의 화두선(話頭禪)은 어떤 의미에서는 번뇌로서 번뇌를 극복하려는 것이어서 매우 어려운 길이 아닐 수 없고 화두선을 하면서 오히려 건강마저 해치는 분들이 많다고 한다.

마음에 관하여 서양의 심리학보다 더 철저히 분석한

것이 불교의 유식학(唯識學)이다.

인간의 의식의 기초가 되는 것을 식(識 vijnana)이라 부르고 이 식은 일반적으로 여덟 가지로 나눈다.

외계의 사물을 인식하는 기능은 눈, 귀, 코, 혀, 몸의 5가지 감각 기관인 이른바 전오식(前五識)에 의하여 이루어진다.

그리고 이러한 인식기능을 따라 더욱 심층으로 내려가면 6식과 7식 그리고 8식을 만나게 된다.

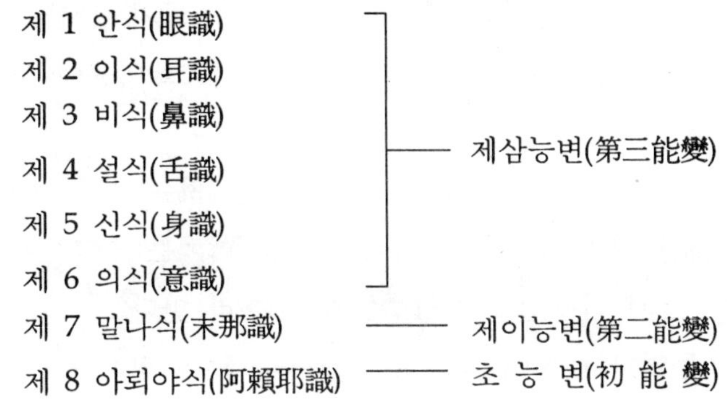

가장 심층에 있는 것이 아뢰야식이란 8식인데 장식(藏識)이라고 부른다.

모든 식의 근원이 되는 8식은 우리의 생각이나 행동의 근원이 되며 동시에 그 생각과 행동의 결과를 그 속에 다 갈무리한다.

그리하여 8식을 일명 종자식(種子識)이라고 부르며 또 생각과 행동의 결과를 다 기록하고 보존하기에 장식이라고 부른다.

7식은 일명 사량식(思量識)이라 하는데 나를 중심에 두고 이것저것 따져 생각하는 기능이며 아집(我執)과 아상(我相)이 도사리고 있는 곳이다.

6식은 전 5식을 통하여 인지된 것을 종합하여 판단하는 지각 작용이다. 지성, 감성, 감정, 의지, 상상, 연상 등 우리가 보통 '마음'이라 부를 때의 그 마음이 6식에 해당한다.

표층에서 심층으로의 8식까지 인식하는 마음을 구분했지만 거꾸로 우리 인식에 영향을 미치는 심층에서 표층으로의 작용면을 삼능변(三能變)이라 한다.

동일한 대상에 대하여 사람마다 달리 인식하는 것은 그 사람의 심층에 있는 8식의 영향 때문이다.

그리고 그 8식은 그 사람이 과거부터 쌓아온 경험의 총체(總體)이다.

과거의 경험이 현재의 내 생각과 행동을 지배하고 과거와 현재의 생각과 행동이 미래의 내 생각과 행동을 지배한다.

수행이 극에 달하여 깨우치면 우리의 마음에 일대 전환이 일어난다.

제 6식이 전환하여 묘관찰지(妙觀察智)가 되고 그것을 계기로 제 8식이 대전환을 하여 대원경지(大圓鏡智)가 되고, 제 7식은 평등성지(平等性智)가 되며 전 5식은 성소작지(成所作智)가 된다.

아상(我相)이 없으니 나와 남을 평등히 보게 되고 맑은 거울이 사물을 비추듯 8식이 청정하여지며 전 5식은 마음먹은 대로 변화를 들어내 보인다고 한다.

이때 비로소 우리는 전도(轉倒)된 세계관에서 해방되어 이 세상을 바로 실상(實相)으로 보게 된다.

깨우치고 난 고승이 "산은 산이요 물은 물이다" 라고 할 때의 그 산과 물은 중생심으로 보는 산과 물과는 전혀 다르다.

마음과 한마음

능엄경만큼 마음을 깊이 있게 파헤쳐 다룬 경전도 많지 않을 듯 싶다.

능엄경은 부처님이 그의 제자 아난다가 음녀 마등가의 주술에 떨어져 유혹에 넘어 갈 찰나에 그를 구하고 설하신 경이다.

부처님은,

"모든 중생이 시작 없는 옛부터 생사윤회를 거듭하게 되는 것은 상주하는 진심을 모르기 때문이다(一切衆生 從無始來 生死相續 皆由不知 常住眞心)."

고 설하셨다.

이 경에서 부처님은 아난다에게 그의 마음이 어디

있느냐는 질문으로 시작한다.

우리가 늘 접하는 우리의 마음은 대상을 따라 일어났다 소멸하는 것으로서 주인(主人)의 마음인 진심(眞心)이 아니다.

그것은 객(客)과 같이 생겼다 소멸하여 부침(浮沈)을 거듭하는 그림자와 같은 것으로 가(假)요 실(實)이 아니라고 하였다.

그림자와 같은 마음은 육근(六根), 즉 보고 듣고하는 우리의 감각기능의 대상이 소멸하면 없어진다.

대상이 소멸하여도 소멸하지 않고 늘 있는(常住)것 그것이 바로 진성(眞性) 또는 진심(眞心)이요 그것이 곧 진여(眞如)이다.

이 진여 또는 여래장(如來藏)은 우주에 두루 하지만(周遍法界), 중생의 마음을 따라 그리고 업(業)을 따라 현상으로 발현(發現)된다.

능엄경은 이른바 칠처(七處), 팔환(八還)을 통해, 즉 마음이 있을 법한 일곱 곳을 살펴 우리 중생심(衆生心)으로 보는 그 마음은 진심(眞心)이 아님을 설하고, 보는 작용을 즉, 밝은 빛을 태양으로 돌리는 등 여덟 곳으로 되돌리고도 남는 것이 바로 상주(常住)하는 진여(眞如)인 여래장(如來藏)임을 설하였다.

인도의 성자 라마나 마하리쉬는 우리가 생각하는 마음도 내가 아니고 우리의 몸도 내가 아니며 그것들을 다 뛰어넘고 나면 그때 비로소 진아(眞我) 또는 각성(覺醒)이 드러난다고 하였다.

현상계가 실재한다는 인식이 사라질 때 진아(眞我)를 깨달을 수 있다.

현상계에 대한 인식과 행위의 원인은 마음이며, 이 마음이 사라지면 현상계도 사라지고 그래야 진아가 드러난다고 한다.

우리의 마음은 진아 안에서 나타나는 묘한 힘이다.

이것은 모든 생각을 일으키며 생각이 곧 마음이다.

티베트의 한 밀경(密經)은 이러한 진심(眞心)을 한마음(the one mind)이라고 부른다.

진성(眞性)의 마음은 공하고 스스로 묘하게 빛나며(妙明) 무변하고 투명하고 시간과 공간을 초월하여 한맛(一味)이며 차별상을 초월해 있다고 한다.

모든 현상계는 푸른 하늘에서 구름이 일듯이 이 한마음에서 자연스럽게 일어난 것이다.

현상계가 담겨있는 형상은 우리 마음이 만들어낸 관

념에 불과하며 유(有)와 무(無), 해탈(解脫)과 열반(涅槃) 역시 마음의 관념에 불과하다고 한다.

모든 생멸(生滅) 현상은 바다에서 일어나는 파도와 같이 한마음에서 일어나는 것이다.

우리 나라의 대행스님은 나(我)를 있게 하는 근본 자리를 주인공 또는 한마음이라 하신다.

그리고 '거짓 나'의 뿌리가 '참 나'이므로 둘이 아니라고 한다.

생멸하는 중생심, 번뇌심, 삼독심(三毒心: 貪心, 瞋心, 痴心)을 나로 알지 말고 그것을 되돌려 놓음으로써 '참 나'가 드러나게 해야 한다고 말씀하신다.

한마음은 광활한 우주를 다 싸안을 수 있는 마음이며, 모든 인간과 우주 전체가 마음의 근본인 한마음과 직결되어 있다.

마음이란 잡을 수도 없고 볼 수도 없고 빛깔도 없지만 우주 삼천 대천 세계를 다 담을 수 있고 시간 공간을 초월해서 아니 미치는 데가 없다.

이와 같이 우리의 근본 마음자리는 무한량이고 위대하며 그 묘용(妙用)은 이루 말할 수 없다.

내 마음이 곧 우주의 마음이고 부처님 마음이다.

불경이나 옛 선사들은 우리 마음과 그의 근본인 한마음의 관계를 파도와 바다에 자주 비유하였다.

그것은 오로지 수행을 통하여 스스로 증득(證得)하여야 하는 것이므로 말로는 설명할 수 없는 것이지만 그래도 비유를 통하여 어렴풋이나마 일깨우려 한 것이다.

바다에 물결이 일면 무수한 파도가 되지만 그것은 바다에 다름 아니다.

전구마다 들어온 전기는 하나이지만 전구만을 보게 되면 무수한 전기가 존재한다.

하늘에 있는 달은 하나이지만 강에 비친 달은 천개(月印千江)일 수 있다.

깨닫지 못한 사람은 '육체만이 나'라고 생각하는데 반하여 깨달은 사람은 육체만이 내가 아니라 모든 것이 진아 즉, 한마음이라는 것을 아는 데 있다고 마하리쉬는 말한다.

항주 문수스님은 법안스님을 만나서 자기는 지난 날 능엄경을 연구했는데 자기가 해 왔던 공부가 그 내용과 일치한다고 자랑했다.

그러자 법안스님이,

"능엄경에는 여덟 가지 환원하는 이치(八還)가 있지 않던가?"
하고 물었다.

그는 그렇다고 대답했다.

이어서 법안 스님이 밝음은 어디로 환원하는지를 묻자 문수스님은,

"밝음은 해로 환원합니다."
라고 대답했다.

이것은 능엄경에 있는 그대로이니 대답하기도 어렵지 않았다.

그런데 법안스님이 느닷없이,

"그러면 그 해는 어디로 환원하는가?"
하고 묻자 문수스님은 그만 말문이 막혀 멍하니 대꾸를 못했다.

그는 법안스님의 말씀에 따라 능엄경을 주해한 글을 불사른 후 그의 법문을 듣고 비로소 알음알이를 떨쳐버리게 되었다고 한다.

문자로 아는 것과 체험으로 아는 것은 전혀 별개의 것이다.

부처님은 능엄경에서 우리의 보는 작용에서 밝은 것은 해에, 막힌 것은 담벽에 돌려보내는 등 여덟 군데로

다 돌려보내고 나서도 더 이상 돌려보낼 수 없는 그것이야말로 우리의 본 마음이라고 말씀하셨다.

중생과 부처

깨우치면 부처고 깨우치지 못하면 중생이다.

법화경에는 중생과 부처에 관한 묘사가 이곳 저곳에 많이 보인다.

우선 중생은 착한 근본(善根)을 심지 못하고 다섯 가지 욕망 즉, 식욕, 색욕, 재욕, 수면욕, 명예욕에 집착한다.

어리석음과 탐욕으로 항상 번뇌하면서 삼악도(三惡途)에 떨어지고 육도(六途)를 윤회하며 온갖 고통을 받는다.

태중에 들어 미미한 형상이 태어나 자라면서 박덕하고 복이 없어 모든 괴로움에 시달린다.

있다 없다를 분별하는 등 여러 가지 사견(邪見)의 숲에서 헤어나지 못하고 헛된 현상에 집착하여 버리지 못한다.

교만심과 자존심이 높고 아첨하는 마음, 참되지 못한 마음으로 천만억 겁이 지나도록 부처님 이름조차 듣지 못한다.

이러한 중생들은 구제하기 어렵다고 하였다.

욕으로 가득한 이 세상은 마치 불타는 집과 같다.

중생들은 그 속에서 보잘 것 없는 장난감에 팔려 곧 불에 타 죽게 될 것도 모르고 있는 철없는 어린아이들과 같다고 하였다.

모든 중생은 현세에서 생노병사(生老病死)의 고통을 받고 근심걱정과 번뇌로 고통받으며 다섯 가지 욕심과 재물을 탐하여 고통을 받다가 죽어서는 지옥, 축생, 아귀의 괴로움을 받기도 한다.

어쩌다 천상이나 인간에 태어나더라도 빈궁하고 곤궁하며, 사랑을 여의는 괴로움, 미운 사람을 만나는 괴로움 등 여러 가지 괴로움을 받는다.

그들은 마치 불타는 집 속의 아이들과 같이 희희낙낙 놀면서 깨닫지도 못하고 알지도 못하고 놀라지도 않고 무서워하지도 않고 싫어할 줄도 모르고 해탈을 구하지도 않으며 분주히 살아가고 있다.

이러한 묘사를 통하여 보건대 중생의 삶은 탐욕으로 가득한 삶이요, 오욕락(五欲樂)에 집착한 삶이란 것이다.

그리고 또 중생의 삶은 시비분별(是非分別) 등 사견(邪見)으로 꽉 막힌 삶이다.

중생은 교만심과 아만심이 하늘같이 높고 아첨하는 마음으로 꽉 차 있다.

그리하여 중생의 삶은 박덕하고 빈궁하며 근심과 고통의 연속이다.

그러면서도 그것을 알지도 못하고 두려워할 줄도 모른 채 살아가고 있다는 것이다.

이에 반하여 부처님 여래는, 모든 세상의 아버지로서 온갖 공포와 근심 걱정과 환난과 어려움이 영원히 다하여 남음이 없으며, 무한한 지견(知見)과 힘(力)과 두려움 없음을 모두 성취하고, 큰 신통력과 지혜의 힘이 있으며, 방편 바라밀과 대자대비를 함께 갖추고 있으며, 언제나 모든 중생을 구제하여 이롭게 한다.

부처님은 스스로,

"나는 여래(如來), 응공(應供), 정변지(正徧知), 명행족(明行足), 선서(善逝), 세간해,(世間解), 무상사(無上士),

조어장부(調御丈夫), 천인사(天人師), 불세존(佛世尊)이니, 제도(濟度)되지 못한 사람을 제도하고 해탈하지 못한 사람을 해탈케 하며, 편안치 못한 사람을 편안케 하고 열반을 얻지 못한 이를 열반 얻게 하며, 금세와 후세를 사실대로 아나니 나는 모든 것을 아는 자이며, 모든 것을 보여주고 알게 하고 도를 보여주고 도를 설하는 자이니라."

고 말씀하셨다.

부처님의 열 가지 호칭 가운데 여래는 항상 와 계시는 분이란 뜻이고, 응공은 응당 공경 받는 분, 정변지는 바르게 널리 아는 지혜를 갖추신 분, 명행족은 언제나 지혜와 실천을 다 갖추신 분, 선서는 번뇌를 완전히 떠나신 분, 무상사는 더 없이 높은 분, 조어장부는 중생을 잘 교화하는 분, 천인사는 천상계와 인간계의 스승, 그리고 불세존은 깨달은 분이란 뜻이다.

부처님이 세상에 출연한 일대사 인연(一大事 因緣)은 중생에게 부처님 지견(佛知見)을 열어서(開) 중생을 청정(清淨)케하고 중생에게 불지견을 보이고(示), 중생으로 하여금 불지견을 깨닫게(悟) 하고 중생이 불지견에 들(入)게 하기 위함이다.

또한 부처님은 모든 법의 실상을 다 아신다.

모든 법의 모양(相), 성질(性), 체(體), 힘(力), 작용(作), 인(因)과 연(緣), 과(果)와 보(報), 그리고 본말구경(本末究竟) 즉 궁극의 진리와 실상을 다 아신다.

뿐만 아니라 중생의 마음에 생각하는 일, 모든 욕망과 성품, 전생의 선악의 업을 모두 아신다.

중생들의 근기가 영민한가 아둔한가를 알아 그에 맞추어 방편에 따라 법을 설하신다.

중생들은 부처님의 법을 듣고 현세에 평안함을 얻고 내세에 좋은 곳에 나서 쾌락을 받는다.

부처님이 이 세상에 출현하여 설법하는 것은 마치 큰 구름이 대지 위에 비를 내려 바짝 마른 초목(草木)들을 충분히 윤택케 함과 같이 목마른 중생으로 하여금 모든 괴로움을 여의고 안은 한 낙(安隱樂), 세간의 낙(世間之樂)과 열반의 낙을 얻게 한다.

한가지 비를 맞고 초목의 생장(生長)함이 다 다르고 같은 햇빛을 받고도 초목의 자라남이 다 다르듯이 한 모양 한 맛(一相一味)의 부처님 말씀을 듣고도 중생 역시 그 근기에 따라 성취하는 바가 다르다.

세존 계신 곳을 찾아 나도 성불하리라 굳게 다짐하

고 수행정진을 깊이 하면 이것은 상등약초(上等藥草)요, 불도(佛道)에 전심하여 항시 자비(慈悲)를 행하고 성불할 것을 다짐하여 의심 없으면 이런 불자는 작은 나무(小樹)이다.

그러나 항상 선정에 머물러 신통력을 얻어 모든 법이 공함을 듣고 마음에 크게 환희하며 무한한 빛을 발하고(放無限光) 모든 중생을 제도하는 이는 큰 나무(大樹)이다.

이 큰 나무는 신통(神通)에 편안히 머물러 불퇴전의 법륜을 굴리어 무수한 중생을 제도하는 보살이다.

일체중생은 다 불성(佛性)을 갖추고 있으므로 깨우쳐 부처가 될 수 있다.

깨우침의 입장에서 보면 중생이 곧 부처이고 부처가 곧 중생이다. 중생이 중생인 것은 깨우치지 못하고 어두움(無明)에 가려 있기 때문이다.

무엇이 중생의 어두움(無明)인가?

원각경(圓覺經)에 의하면,

“무명(無明)이란 일체 중생이 시작 없는 옛부터 길 잃고 헤매는 사람이 동서남북을 잘못 알듯이 지(地), 수(水), 화(火), 풍(風)의 사대(四大)가 임시로 결합한 것을 자기의 몸이라고 잘못 알고 육진(六塵) 경계의 인연 그림자를 자기의 마음으로 잘못 알고(顚倒) 있는 것"
을 말한다.

우리가 생각하는 몸과 마음은 실상이 아니라 가상(假相)이요 마치 허공에 핀 꽃과 같은 것이라고 바로 아는 것, 이것이 다름 아닌 원융한 깨우침(圓覺)이라는 것이다.

무명(無明)이 사라지면 구름 걷힌 하늘에 밝은 해가 드러나듯 원각(圓覺)이 드러난다.

자력수행(自力修行)과 부처님의 가호(加護)

우리 나라에서는 불가 수행자들의 대부분이 화두선(話頭禪)을 주로 하고 있다고 해도 과언이 아니다.

그것은 자나깨나 화두를 지극히 의심하면서 깊은 삼매에 들어가는 방법으로서 대단히 어려운 자력수행(自力修行)의 길이다.

성철스님의 8년 장좌불와(長坐不臥)는 자력수행의 철저함을 모범으로 보여주는 것이기도 하지만 또 다른 한편으로는 자력수행이 얼마나 어려우며 일반인들로서는 감히 엄두도 못 낼 고행의 길임을 보여준다.

견성성불(見性成佛)하기 위하여 누구나 다 출가를 해서 오랜 세월 동안 고행을 해야 한다면 대부분의 생활인들에게 있어서 득도(得道)란 아예 불가능한 일일 것이다.

더구나 요즘같이 바쁘게 돌아가는 세상에서, 이른바 말법시대(末法時代)의 오탁악세(五濁惡世)에서 감히 그러한 자력수행은 엄두도 못 낼 일이다.

신라나 고려시대에 불교가 일반 백성들에게 널리 보급될 수 있었던 것은 부처님의 위신력에 의지하는 염불선(念佛禪)이 크게 유행하였으므로 가능하였다.

오늘날 우리 나라에 기독교가 널리 보급되고 있는 것도 '하나님'의 힘에 의지하는 타력신앙(他力信仰)의 덕택일 것이다.

우리 나라 선불교(禪佛敎)의 원류인 중국에 처음으로 선을 전한 이는 인도에서 온 달마라고 알려져 있다.

달마 선사가 중국에 올 때 가지고 온 유일한 경전은 능가경(楞伽經 Lankavatara sutra)이었다.

이 때만 해도 화두선의 방법은 아직 등장하기 이전이었고 수행자들은 경전의 한 구절 한 게송(偈頌)만 듣고도 큰 깨우침을 얻을 수 있었다.

6조 혜능(慧能)만 해도 금강경(金剛經)의 응무소주 이생기심(應無所住 而生其心) 즉,

"마음을 내되 머무름 없이 내라."
는 한 구절을 듣고 큰 깨우침을 얻었다고 알려져 있다.

그러나 6조 이후 화두선이 등장하고부터 점차 자력수행이 강조되고 불교는 일반 생활인들과 점점 거리가 멀어지게 되었다.

특히 요즘 일반인들이 사찰을 찾는 것은 성불수행이나 염불을 위해서가 아니라 오직 기복(祈福)의 불사(佛事)를 위함이다.

그러나 달마가 가지고 왔다는 유일한 경전인 능가경에 보면 보살이 공부하고 삼매에 드는 것도 신통력을 얻는 것도 모두 부처님의 가피력과 위신력으로서만 가능하다고 설하고 있다.

"그(보살)로 하여금 마업(魔業)과 모든 번뇌를 멀리 떠나게 하려는 까닭에, 성문지(聲聞地)에 떨어지지 않게 하려는 까닭에, 속히 여래지(如來地)에 들게 하려는 까닭에, 얻은 바의 법(法)이 더욱 증장되게 하려는 까닭에 모든 부처님께서 가지력(加持力)으로써 모든 보살들을 가피(加被)하신다.....

대혜여 만일 그렇게 하지 않으면 저 보살들이 문득 외도와 성문과 마의 경계 등에 떨어져서 무상보리(위없는 깨달음)를 얻지 못하므로 여래는 가지력(加持力)으로

써 모든 보살들을 거두어 주신다."
고 능가경에서 부처님이 말씀하셨다.

이러한 가르침은 모든 경 중의 제일 경전인 법화경에서 특히 강조되고 있다.

부처님이 열반하신 뒤에 법화경을 수지하는 이는 우선 부처님이 호념(護念)하시는 사람이어야 한다.

법화경을 수지독송(受持讀誦)하고 가르침대로 행하면 누구나 성불할 수 있다는 것이 바로 법화경의 가르침이다.

수지독송하고 가르침대로 행하는 일은 자기 스스로 하여야 하는 자력수행이다.

그러나 법화경을 독송함으로서 부처님의 호념을 받고 위신력을 받아 법화삼매에 들고 성불하게 되는 것은 바로 타력수행(他力修行)에 다름 아니다.

서양 속담에 '하늘은 스스로 돕는 자를 돕는다'는 말도 바로 이러한 뜻일 것이다.

자력수행 없는 타력의 가호란 있을 수 없고 부처님의 가호(加護) 없이 자력수행만으로 성불하기란 어렵다.

자력수행의 한계와 타력수행의 불가피성에 대하여는

성내경 저(著) <꿈에서 나는 이와 같이 들었다>에 더 잘 설명되어 있다.

사실 자력이 곧 타력이기에 자타(自他)를 구분하는 것부터가 불법에 어긋나는 일이다.

어찌됐건 우리 나라 불교가 자력수행만을 고집하는 병폐를 하루 속히 탈피할 때 불교가 우리 생활인들에게 더욱 가까이 다가올 수 있고 친숙해질 수 있는 것이며 기복 일변도의 사찰불사(佛事)에서 벗어날 수 있으리라.

방편설과 궁극의 가르침

열 개중에 네 개만 취하라고 한 것은 실천하기도 어렵지만 오해하기도 쉬운 말이다.

사람들은 욕심을 버리라고 하면 아예 일도 하지 말고 놀고먹으라는 소리로 받아들인다.

'무위도식(無爲徒食)'이란 말처럼 노자의 무위 사상을 잘못 받아들이고 왜곡시킨 낱말도 없다.

무위자연의 도는 그것이 아니다.

물이 높은 곳에서 낮은 곳으로 흐르듯이 모든 일을 자연의 흐름에 맡기는 것이 무위라면 계교와 이해상관을 따져서 일을 이러 저리 인위적으로 뒤트는 일이 인위요 유위이다.

부처님이 제일 힘들어하신 것도 바로 이런 점이었다.

모든 것에 고정불변의 실체인 아(我)가 있다는 생각에 모두 사로잡혀 있으므로 그것을 치료하기 위하여 무아(無我)를 설하셨다.

그러자 항상 이분법적 사고의 습관이 배어있는 중생들은 곧 모든 것은 '무아'라는 허무주의를 진리로 받아들였다.

모든 것이 고정불변하다면 교육은 해서 무엇하겠는가? 아무리 배워 보았자 불변이라면 헛수고일 뿐이다.

어쩌면 그러한 잘못된 인식 위에 인도의 카스트 제도가 기초하고 있는지도 모르겠다.

불가촉 천민은 아무리 좋은 교육을 받고 행실이 양반이라도 천민의 본성은 바꿀 수 없다는 생각, 그리고 브라만 계층의 사람은 아무리 무식하고 행실이 개차반이더라도 그의 양반성은 불변한다는 생각이 그 질곡 같은 계급제를 발전시키고 유지하는 원동력이다.

그러한 불변하는 자아(自我)사상을 허물어 버리기 위하여 무아설(無我說)을 말씀하셨지만 그것 또한 절대적 진리는 아니다.

장님들이 코끼리를 부채 같은 것이라고 하면, 눈 뜬

사람은 “아니다” 라고 부정할 수밖에 없다.

또 벽과 같은 것이라 해도 역시 “아니다” 라는 부정으로밖에는 대답하기 어렵다.

그러면서 코끼리의 실상을 보게 하는 것이다.

모든 것이 무아(無我)라면 배우는 자는 누구인가?

또 배워서 무엇을 하겠는가?

그러니 이것 역시 부정할 수밖에 없다.

그리하여 도달하는 곳이 공(空)이요, 중도(中道)이다. 유(有)도 아니요 무(無)도 아니요, 유무(有無)가 함께 있는 것도 아니요, 유무(有無)가 다 없는 것도 아니다.

우리 사고의 논리적 가능성을 모두 초월하는 것은 결국 유무의 분별을 떠나서 있는 그대로를 보는 것이다.

아함경에서 부처님은,

“일체는 유(有)라는 주장은 하나의 극(極)이다. 일체는 무(無)라는 주장은 또 하나의 극(極)이다. 여래는 이 두 가지 극을 버리고 중(中)에 의해 법을 설한다.”
고 말씀하셨다.

그것은 열날 때는 해열제를 먹이고 체온이 너무 떨어질 때는 몸을 따뜻하게 하는 약을 먹이는 것과 같다.

열이 펄펄 나는 사람에게는 해열제가 약이지만 그렇지 않은 사람에게는 독이 된다. 몸이 너무 찬 사람에게는 몸을 따뜻하게 하는 것이 약이 되듯이 말이다.

부처님이 이와 같이 경우에 따라 방편으로 설하신 것을 궁극의 진리로 오해하고 헤매는 불자들이 얼마나 많은가 안타까운 일이다.

그리하여 부처님이 묘법연화경에서 그때까지의 가르침은 모두 방편설이었다고 말씀하셨다.

불교 수행과 가르침의 궁극의 목표는 아라한도 보살도 아닌 바로 성불하는 것이다.

부처님은 우리에게 불지견(佛知見)을 열(開)어서 보이고(示), 깨닫게 하고(悟), 들게(入) 하기 위하여 이 세상에 나오시고 묘법연화경을 설하셨다.

묘법연화경을 염송하고 가르침대로 행하면 누구나 성불한다고 말씀하셨다.

그러고도 오죽 걱정이 되었으면 열반하시기 직전에 설하신 열반경에,

"그동안 나는 방편으로 아(我)가 있는데 아가 없다 했고, 아가 없는데 있다고 했으며, 상(常)이 있는데 무상(無常)이라 했고, 상이 아닌데(無常) 상이라고 했다......" 고 말씀하셨겠는가.

요즘같이 욕심이 무한으로 치닫는 세상이니 자연히 해열제를 쓰듯 욕심을 버리라고 하는 것이다.

그러나 그것은 결코 게으름을 피우며 일하지 말라는 것은 아니다.

인연 따라 하게 되는 일은 열심히 성실하게 그리고 최선을 다해야 한다.

내 친구 김 회장은 늘 직원들에게,

"호랑이가 토끼를 잡을 때도 작은 짐승이라 하여 소홀히 하지 않고 전력을 다한다."

고 일깨워준다고 한다.

욕심을 버리는 일과 게으름을 피우고 노는 것은 같은 것이 아니다. 욕심을 버리고 마음을 비우되 열심히 최선을 다하는 것, 그것이 멋있게 사는 길이다.

법화수행(法華修行)

법화수행은 법화경을 믿고 지니고 독송(讀誦)하고 설한 대로 행(行)하는 것을 가리킨다.

법화경은 부처님이 설(說)하신 모든 경(經) 가운데 가장 제일 되는 경으로서 여래가 지닌 모든 법과 여래의 온갖 자재한 신력(神力)과 온갖 비밀한 법장(法藏)과 매우 깊은 모든 것을 보이고 들어내어 설하신 경전이다.

그러므로 부처님과 보살들이 항상 호념(護念)하며 또한 보살을 가르치는 경이다.

그 전까지는 욕심 많은 중생들을 위하여 할 수 없이 방편으로 성문연각(聲聞緣覺) 등의 이승(二乘) 또는 삼승(三乘)을 설했지만 이제 때가 되어 일불승(一佛乘)을 설하여 모든 사람이 다 불지견(佛知見)을 갖고 일체종지(一切種智)를 얻게 하여 부처님과 똑같게 되는 길을 설한 것이다.

묘법연화경 방편품에,

"너희들은 이 세상의 스승이신 부처님께서 마땅함 따르사 방편 베푸심을 알았으니 다시는 의혹이 없을 것이요 마음에 큰 기쁨을 내어 자신이 성불함을 확신하라."

고 부처님께서 설하셨다.

그리하여 여래신력품에서는 법화경을 수지독송(受持讀誦)하는 사람이 있거나 그 경이 있는 곳이 곧 도량(道場)이요 모든 부처님이 가장 높고 완전한 깨달음을 얻는 곳이며 법륜(法輪)을 굴리시고 또 열반(涅槃)에 드시는 곳이라 한다.

법화경은 부처님께서 때가 되어야 설하시고 이 경을 만나기도 또한 어렵다.

특히 부처님이 열반에 드신 후 말법시대(末法時代)에는 더욱 그러하다.

그러한 말법시대에는 첫째로 모든 부처님의 호념(護念)을 받고, 둘째로 모든 덕본(植德本)을 심고, 셋째로 올바른 길로 가고 있는 사람(入正定聚), 넷째 모든 중생을 구하려는 마음을 낸 사람이 아니면 법화경을 만날 수 없다고 부처님께서 보현보살 권발품에서 말씀하셨다.

부처님의 호념을 받으려면 부처님과 같은 마음을 갖지 않으면 안된다.

법화경의 가르침을 줄여서 말하기란 대단히 어렵고 잘못 전달할 위험도 있지만 내가 아는 대로 정리하면 다음과 같이 요약할 수 있다.

첫째, 지금까지 설한 것은 전부 하나의 방편설법이었으며, 이 법화경이야말로 바로 부처 되는 길을 보이는 것이다.

둘째, 법화경을 믿고 수지독송하면 누구나 곧 일체종지를 얻어 성불한다.

셋째, 부처님은 인도에서 태어나 출가하여 6년 고행 끝에 성도하고 40여년 간 설법하시다 열반하신 것은 방편으로 그런 것이며, 사실 부처님이 성도한 것은 헤아릴 수 없는 오래 전의 일이거니와 그 수명 또한 헤아릴 수 없이 영원하다.

넷째, 법화경을 수지독송하고 설한 대로 행하면 그것으로 곧 성불함은 말할 것도 없고, 근심 걱정과 질병이 없는 등 이루 헤아릴 수 없는 공덕을 얻게 된다.

그렇다면 법화수행은 어떻게 하는 것인가?

첫째로 법화경을 믿어야 하는 것이다.

부처님의 제자 가운데 지혜 제일이라는 사리불도 오직 믿음으로 법화경에 들어왔는데, 하물며 보통 사람들이야 더 말할 필요가 없다.

신심(信心)이야 말로 모든 공덕의 어머니이다.

둘째로 법화경을 받아들여 독송하고, 베껴쓰고 또 설한 대로 행하여야 한다.

법을 남에게 설할 때는 여래(如來)의 방에 들어가서 여래의 옷을 입고 여래의 자리에 앉아 설법해야 하는데, 일체중생에 대하여 큰 자비심을 내는 것이 여래의 방이요, 여래의 옷이라 함은 유화인욕심(柔和忍辱心)을 말하며, 여래좌(如來座)라 하면 모든 법이 공하다(一切法空)는 것을 아는 것이다.

특히 오탁악세에서 묘법연화경을 설하려면 다음과 같은 네 가지 법에 안주하여야 한다고 안락행품(安樂行品)은 설하고 있다.

첫째, 보살이 행(行)할 것과 친근(親近)할 곳에 편안히 머무는 것이다.

보살이 행할 것이란 유화인욕(柔和忍辱)하며 착하고 순하며 거칠지 아니한 것이다.

그리고 모든 현상을 실상(實相) 그대로 관하여 행함이 없어야 하고, 분별함도 행하지 않아야 한다.

그리고 또한 가까이 하지 않아야 할 사람들, 흉포한 일을 하는 사람들이나 음녀 등을 멀리하여야 한다. 이것은 주로 우리의 몸가짐(處身)에 관한 것이다.

둘째, 주로 입조심하는 일이다.

경전을 설할 때 또는 독송할 때 사람들과 경전의 허물을 말하지 말고 다른 이들을 경만히 여기지 말아야 한다.

또한 다른 이의 장단점을 말하지 말아야 하고 이름을 들어 사람들의 허물과 칭찬을 말하지 말아야 한다.

셋째의 안락행은 우리의 마음가짐에 관한 것으로 남을 질투하고 속이려는 마음을 내지 말고 불도를 배우는 이들을 업신여기고 잘잘못을 찾아내려 하지 말아야 한다.

또한 모든 법을 희론 하지 말고 다투는 일을 하지 말며 모든 중생에 대하여 대비심(大悲心)을 내어 불쌍하다는 생각을 내고, 여래에게는 인자한 아버지란 마음을 가져야 하고, 보살들은 큰 스승이라 생각하여 늘 공경해야 한다.

법을 말할 때는 적게도, 많게도 말하지 말고 비록 법을 좋아하고 사랑하는 사람에게라도 많이 말하지 말아야 한다.

넷째의 안락행은 재가자(在家者)와 중생들에게 큰 자비심을 내어 생각하길, 내가 최고의 깨달음을 얻으면 이들을 이끌어 불법에 머물게 하고 제도하리라고 서원해야 한다.

마지막으로 법화수행하는 이가 법화경을 수지독송하면서 겸하여 보시, 지계, 인욕, 정진, 선정, 지혜의 6바라밀을 행하면 그 공덕은 무량무변하여 헤아릴 수 없이 많다.

우선 성불을 보장받는다.

법사품에서 부처님은,

"여래가 열반에 든 후 어떤 사람이 이 묘법연화경의 한 게송 한 구절이라도 듣고 한 생각이라도 기뻐하여 따른다면 내가 가장 높고 완전한 깨달음의 수기(授記)를 주노라."

하고 설하셨다.

묘법연화경을 수지독송하고 해설하며 베껴쓰고 경전

을 부처님같이 공경하는 사람은,

"오는 세상에 반드시 성불한다."

고 말씀하셨다.

둘째로 묘법연화경을 수지독송하는 이는 항상 부처님과 보살들의 호념과 가호를 받는다.

예를 들면 보현보살 권발품에서 보현보살은,

"이천오백년 뒤 흐리고 악한 세상에서 묘법연화경을 받아 지니는 사람이 있으면, 제가 마땅히 수호하여서 그 재난을 없애고 안온함을 얻게 하여 모든 무리로 하여금 단점을 살핌에 그 틈을 얻지 못하게 하겠나이다."

라고 부처님께 말씀드린다.

마조(馬祖)스님이 좌선(坐禪)을 하고 있으니 회양스님이 물었다.

"스님은 좌선을 하여 무엇하시려오?"

부처가 되고자 한다는 마조의 대답을 듣고 회양스님은 벽돌을 갈기 시작했다.

"벽돌을 갈아서 무엇을 하시렵니까?"

하고 마조가 물었다.

회양스님 왈,

"그것을 갈아서 거울을 만들려 한다."

고 대답했다.

마조는,

"어떻게 벽돌을 갈아서 거울을 만들 수 있겠습니까?"
하고 되물었다.

회양스님은,

"벽돌을 간다고 거울이 될 수 없듯이 좌선을 한다고 어떻게 부처가 될 수 있겠느냐."
고 일깨워주었다고 한다.

'머무는 바 없이 마음을 내라(應無所住 而生其心).'
는 금강경의 한 구절을 듣고 한 순간에 깨우침을 얻었다는 육조(六祖) 혜능선사는,

"마음을 관하여 고요함에 머물면 이것은 선(禪)이 아닌 병이요, 늘 앉아 있기만 하여 앉음에 집착하면 이 또한 병중의 병이다."
고 지적하였다.

혜능이나 회양이 우리에게 전하려는 메시지(message)가 무엇인지 잘 헤아려 볼 일이다.

부처님의 가르침을 믿고 그대로 행하는 사람이 불자(佛子)라면,

"이것이 바로 부처가 되는 길이니라."

하는 부처님의 말씀을 어떻게 따르지 않을 수 있겠는가.

부처님 말씀대로 법화수행을 하면 부처님의 위신력으로 누구나 성불할 수 있다.

4. 우리들의 모습

골수에 병든 경제시스템
21세기에는 ......
더불어 사는 인간 만들기
두려워 할 것은 없다
꿈을 갖자

골수에 병든 경제시스템

IMF사태를 맞고 우리의 살림살이는 점점 어렵게 돌아간다.

쓰러지는 기업이 늘고 따라서 실직자도 점점 늘어난다.

살아남는 일이 이처럼 어려운 때가 또 있었을까.

나는 일제 말기에 농촌에서 태어나서 초등학교 3학년 때 해방을 맞았다.

일제 말기에는 정말이지 먹고살기가 어려웠다. 아침부터 멀건 죽으로 끼니를 때우는 일이 많았다.

콩을 갈아서 쑤는 죽은 콩죽이요, 콩나물과 밥을 섞어 쑨 것은 콩나물죽이었다.

그리고 6.25동란을 맞았다.

그 당시 내 나이 15세때였는데 부모 따라 피난을 다니면서 여러 가지 고생을 했다.

신문 배달도 해보고 시장에서 잡화 품목도 팔아보았다.

그러나 그때는 다 못살던 시절이라 고통을 고통인 줄 모르고 열심히 살았다.

그런데 요즘은 우리 모두가 그동안 잘 살다가 갑자기 어렵게 됐으므로 더욱 고통스러워 한다.

IMF사태를 맞게 된 원인을 누군들 확실히 알겠는가.

외부의 불리한 여건도 작용했겠지만 무엇보다 우리 내부의 잘못이 크다.

그동안 싼 노임으로 만든 상품들이 외국 시장에서 잘 팔릴 때는 괜찮았다.

그러나 항상 싼 노임을 찾아 이동하는 자본의 생리 탓에 우리보다 더 싼 노임으로 생산하는 동남아 국가들, 특히 최근에는 중국 제품에 우리 상품이 시장을 빼앗기고 밀리게 되었다.

그러다 보니 크게 벌려 놓은 살림에 소득은 줄고 빚만 늘어났다.

이러한 불리한 여건이야 우리 힘으로 막을 수도 없는 것이고 그러한 주어진 여건 속에서 최선을 다해야 했음에도 우리는 그것을 못하여 IMF사태라는 비극적인 상황을 맞게 되었다.

우선 우리는 장래의 어려움에 대비하는 지혜가 없었다. 박정희 대통령이 즐겨 쓰시던 말이 유비무환(有備無患)이었다.

참 옳은 말씀인데도 우리는 그것을 잊어 버렸다.

미국 씨라큐스 대학의 부총장이 최근 한국에 왔을 때 우리는 동문 몇 사람과 점심을 함께 하면서 이런저런 이야기를 했다.

그는 1990년대 초 미국의 경제가 어려워져 정리해고할 때의 일이며, 대학의 여러 가지 구조조정과 개혁에 관한 이야기를 들려주었다.

씨라큐스대학의 전임 총장의 업적의 하나는 장차 어려움에 처했을 때를 대비하여 상당한 재정을 비축해 두었다는 것이다.

그래서 그 어려운 때를 잘 넘기게 되었다고 했다.

우리는 모든 국제무역의 주요 결제수단인 달러의 보

유를 너무 적게 하고 있었다.

대만은 60년대에도 보통 500억불 내외의 달러를 늘 비축하고 있었고 최근에는 경제규모가 커짐에 따라 약 1000억불 정도의 달러를 보유하고 있었다.

그러니 설사 국제 자본가들이 나쁜 마음먹고 골탕 먹이려 해도 끄떡없이 견딘다.

일본 역시 보유외환 말고도 미국의 국채를 2500억불 이상 보유하고 있으니 그래도 잘 견디고 있다.

대만이나 일본이 바보인가.

그 비싼 달러를 더 수익 좋은 사업에 이용하지 않고 그대로 가지고 있게 말이다.

그것이 바로 유비무환의 지혜이다.

개인도, 가계도, 기업도, 정부도 어려운 때를 대비한 저축이 없으면 어려울 때 곤경에 처하게 된다는 아주 단순한 진리를 우리는 망각하고 살았다.

그러니 어찌 IMF를 피할 수 있었겠는가.

이보다 근본적인 이유는 허위, 거짓, 가짜로 구축된 우리 경제·사회시스템에 있다.

서울에서 와우아파트가 무너져 내렸고 성수대교가 붕괴되었다.

많은 고귀한 생명을 앗아간 삼풍백화점의 붕괴도 있었다.

그것은 허위의 아파트가 무너진 것이요, 거짓 다리가 무너져 내린 것이요, 가짜 백화점이 붕괴된 것이다.

IMF사태는 거짓과 허위와 가짜, 그리고 부정과 부패로 병이 깊이 든 보이지 않는 우리 경제 시스템이 붕괴된 것에 다름 아니다.

매일 아침 식탁에 올라가는 김에도 좋은 빛깔을 내기 위하여 무슨 화공약품을 바른다니 김 하나 마음놓고 먹겠는가.

두릅나물, 취나물, 배추, 무와 고추 등 우리의 고귀한 생명들이 매일 먹어야 하는 이 부식품도 농약 투성이라 한다.

초일류 병원들은 쓰지도 않은 약을 썼다고 속이고 환자들로부터 몇 백억 원을 더 받았다.

대학교수를 채용할 때도 돈 받고, 학생 부정입학시키며 돈 받는 나라가 우리다.

이 어려운 때에도 지방 선거한다고 돈 쓰는 것을 보면 놀라울 뿐이다. 저 돈이 어디서 나온 돈일까?

정경유착은 정치가들 스스로가 인정하고 근절해야 한다고 대통령선거때 소리 높여 외쳤으니 심하긴 심한 모양이다.

우리 나라의 거의 모든 경제·사회시스템은 지금 부정과 부패, 허위와 거짓이라는 병에 걸렸다.

우리끼리 살 때는 그래도 참고 견디었다.

너도 속이고 나도 속이고 서로가 서로를 속이니까 결국 망하긴 하겠지만 그래도 그냥저냥 연명하였다.

그러나 외국기업, 외국인들과의 거래가 보편화된 이른바 세계화시대에는 더 이상 통하지 않게 된 것이다. 경쟁도 안될 뿐더러 그네들이 그러한 관행을 용납치 않는다.

예를 들어 축구팀이 열 팀이 있다고 가정하자.

모든 팀이 선수를 기용하는데 실력 본위로 하지 않고 정실과 부정으로 기용한다고 해도 우리들끼리 경쟁할 때는 별 문제 없다.

모두 적당히 부패하였으니 실력도 비슷할 테고 그 결과에 대하여도 만족한다.

그러나 이제 우리는 우리끼리 축구시합을 하는 것이 아니고 일본, 독일, 영국의 팀과도 경기를 해야 한다.

그네들은 오로지 실력 본위로 선수를 기용하여 팀을 구성하였으므로 우리보다 기량이 한수 위이다.

물론 결과는 뻔하다.

그들과 붙었다 하면 백전백패다.

이 축구팀 얘기는 그저 가상적인 예로 든 것일 뿐이지 우리 나라 축구팀의 구성이 실제로 그렇다는 것은 결코 아니다.

부정과 부패, 허위와 거짓으로 골수에 병이 든, 비능률적인 우리의 경제시스템이 합리적이며 능률성과 경쟁력이 훨씬 높은 외국의 회사들과 경쟁을 해야 하니 그 결과는 불 보듯 뻔하다.

IMF사태의 극복과 경제 회생은 이러한 우리 경제·사회 시스템의 정화(淨化)와 청소 없이는 불가능하다. 스스로 정화 능력이 없는 시스템은 재생 능력이 없다.

21세기에는 ......

얼마전 미국의 시사 주간지 뉴스위크는 지금 미국에서 불고 있는 하향변속(down shifting)의 바람을 특집으로 다루었다.

세계적 금융 중심지인 뉴욕 월가의 금융기관에서 최고의 봉급을 받으며 바쁘게 생활하던 젊은 부부가 버먼트주의 한적한 시골로 이사하여 행복하게 사는 모습이 소개되었다.

봉급은 예전 직장의 절반밖에 안되지만 덜 바쁜 새 일자리에서 일하며 시골 생활을 즐기는 모습은 보기에도 정말 부러운 것이었다.

그 외에도 정신없이 살던 도시생활을 청산하고 시골

에서 보다 한가하게 생활을 하며 인생의 깊은 의미를 찾고 있는 사람들의 이야기를 이모저모 소개하고 있다.

꽤나 오래된 이야기지만 미국에서 변호사나 판·검사가 되기 위하여 법과대학(law school)에 진학하는 학생의 수가 년 5만명인데 매년 법률가의 직업을 포기하고 다른 일을 하는 사람들도 거의 비슷한 수에 이른다고 한다.

다 아는 사실이지만 미국에서 인기 있는 직업은 의사와 법률가이다.

월급도 괜찮고 인기 있는 직업을 버리고 다른 것을 찾는 사람들이 많다고 하니 사람들의 의식이 많이 바뀌고 있음이 분명하다.

월급이 많아도 정신없이 바쁘고 스트레스가 많은 직업보다는 물질적인 여유는 좀 적어도 한가하고 마음의 여유가 있는 전원생활을 선호하는 경향이 미국 뿐만 아니라 세계적으로 서서히 일어나고 있다.

우리 나라에서도 그러한 사람들이 점점 늘어나고 있는 추세인데 IMF사태로 경제가 어려워짐에 따라 더욱 가속화될 것으로 전망된다.

미래학자인 앨빈 토플러는 10년마다 베스트셀러를

내놓았다.

그는 두 번째의 저서 <제3의 물결>과 세 번째의 저서인 <권력 이동>에서 이미 세계적으로 공업사회에서 탈공업사회인 정보화사회로 이행하고 있음을 지적하였다.

점차 많은 사람들이 정보와 지식 관계의 일에 종사하게 되는 것은 일의 질과 양 뿐 아니라 우리의 생활방식에까지 크나큰 변화를 가져온다.

그리고 그와 함께 인간 의식에 큰 변화가 일어난다.

물질적인 것, 양적인 것을 최고의 가치로 추구하던 사람들이 이제는 정신적인 것, 질적인 것을 보다 중요시하게 된다.

그러한 의식의 일대 전환 없이는 범지구적 환경 파괴를 더 이상 막을 수도 없으리라.

미국 샌디애고에 일년간 교환교수로 있을 때 구경삼아 샌디애고 선원(zen center)에 한 번 가본 적이 있다.

꽤나 많은 사람들이 매일 모여 일본식 참선 수행을 하고 있었다.

처음 온 나에게 선 수행에 관한 안내를 해주었던 사람은 유태교인이었다. 그 가운데는 기독교인도 있다고 했다.

샌디애고 지역에만 해도 여러 가지 종류의 불교종파가 있고 참여하는 주민들의 수도 꽤 많다고 한다.

물질 문명의 발달이 극에 달한 미국에서 많은 사람들이 지금 정신적인 것을 찾아서 움직이고 있다.

요가나 태극권 같은 동양의 심신 수행법이 빠른 속도로 보급되고 있다.

피트림 소로킨이란 사회학자는 인류의 거대한 문화 시스템은 시계추와 같이 정신적인 것에서 물질적이며 관능적인 것으로, 다시 물질적인 것에서 정신적인 것으로 움직인다고 보았다.

6세기부터 12세기까지 유럽은 정신적 가치를 주로 추구했던 시기였는데 반하여 16세기부터 20세기까지는 물질적인 것, 관능적인 것을 주로 추구했던 시기라는 것이다.

21세기로 들어서면서 인류 문명이 다시 정신적인 것으로 선회하고 있는 징후들을 여기 저기에서 보게 된다.

지금 진행되고 있는 기술혁신과 기술개발은 주로 인간의 노동력을 절감하고 대체하는 것들이다.

컴퓨터를 비롯한 정보통신 기술의 혁신은 우리 인류

에게 많은 혜택을 주는 한편, 인간으로부터 일자리를 점점 빼앗아 간다.

인간이 개발하는 인공지능을 갖춘 로버트도 우리의 일자리를 빼앗아갈 것이 분명하다.

깊은 지하 갱에서 석탄을 캐는 일에서부터 밤중에 보초서는 일에 이르기까지 고통스러운 일들을 로버트가 대신한다는 것은 그만큼 일자리를 우리로부터 빼앗아간다는 것을 의미한다.

<세계화의 덫> 이란 책에 보면 21세기는 20대80의 사회가 될 것이라 예고하고 있다. 21세기에는 경제활동 인구 가운데 20%만이 일하고 나머지 80%는 일자리가 없다는 것이다.

참으로 암울한 전망이 아닐 수 없다.

지금 진행되고 있는 변화와 또 앞으로 진행될 것이 분명한 이 모든 변화는 우리에게 감당할 수 없는 인간소외 현상을 가져올 것이 확실하며 그것은 우리로 하여금 인간으로 살아남기 위해 보다 강력한 정신적 중심성을 굳게 지켜 나갈 것을 요구한다.

더불어 사는 인간 만들기

프랑스 월드컵에 출전한 우리 나라 축구팀이 네덜란드 팀과의 경기에서 5대0으로 참패하자 많은 축구 팬들이 분노하였고 축구협회는 차 감독을 전격 해임하였다.

엊그제까지만 해도 차범근 감독을 국민적인 영웅으로 취급하여 그는 무상의 인기를 누렸다.

그는 TV광고에까지 나오게 되었다.

그러나 우리 국민은 그를 하루아침에 버렸다.

이번 경기와 돌연한 감독의 경질을 보면서 나는 우리의 국민성에 많은 문제가 있다고 생각하였다.

물론 국민성 가운데 세계적으로 내세워 자랑할 만한 것들도 많다. 따듯한 온정주의라든지, 부지런히 일하는 것이라든지, 높은 교육열과 같은 것은 참으로 좋은 장점이 아닐 수 없다.

그러나 이것만은 꼭 고쳐야 나라가 바로 서고 우리가 다 염원하는 경제적 어려움도 속히 극복할 수 있을 터인데 하는 점들이 제법 많다.

그 중에도 특히 중요한 것이 정직성과 협동심의 결여이다.

나는 우리 경제·사회 시스템이 골수에 병든 시스템이라고 표현했다.

대부분의 문제가 결국 정직성과 도덕성의 결여에 연유하고 있다. 부조리, 부정과 부패가 너무 폭 넓게 그리고 너무 깊숙이 뿌리 내리고 있다.

요즘 언론에 보도된 것만 보아도 세무 공무원의 부정, 부정 의료행위, 부정 상행위에서부터 대학교수 채용에 이르기까지 부정과 부패가 폭 넓게 번져 있다.

이 모든 것은 정직성의 결여와 남을 배려하는 마음의 결핍에 근원하고 있다. 남은 망해도 나만 잘되면 된다는 생각이 너무 팽배해 있다.

길거리에서 가래침을 함부로 뱉거나 휴지를 버리는 행위에서부터 여러 조직 단위에서 협동과 팀웍을 파괴

하는 행위에 이르기까지 남과 사회에 대한 배려는 눈곱만큼도 찾아보기가 어렵다.

몇 년전에 우리 나라의 유수한 대기업의 회장께서 우리 대학에 와서 특강을 한 적이 있다.

그분의 말씀으로는 기업의 생산성도 결국 사람의 기본 심성에 달려 있다고 한다.

그리하여 그 기업에서는 직원 교육비의 절반 정도를 인성기본교육에 쓰고 있다고 했다. 그분이 말하는 인성의 기본교육은 다름 아닌 예절, 질서, 공구나 작업도구 제자리 놓기와 같은 것이었다.

그리고 이러한 인성교육이야말로 생산성 향상에 있어서 대단히 중요한 요소라는 것이 입증되었다고 했다.

나는 그 이야기를 듣고 공감하는 한편 교육계에 몸담고 있는 한 사람으로서 부끄러운 생각이 들었다.

저런 것들이야 적어도 직장에 들어가기 전에 이미 가정이나 학교에서 다 몸에 배도록 가르쳐 내보내야 하는 것이 아닌가 말이다.

바삐 돌아가는 생산현장에서 이제사 그것들을 교육하고 있다니 이런 낭비가 또 어디 있단 말인가. 우리 나라의 가정과 교육기관에서는 도대체 무엇을 가르치고 있단 말인가?

그때부터 나는 나의 전공분야는 아니지만 교육, 특히 가정교육과 초등교육에 큰 관심을 갖게 되었고 외국에 나갈 기회가 있을 때나, 또는 외국에서 자녀들의 초등교육을 시켜본 학부모들을 통하여 다른 나라의 기초인성교육에 관하여 알아보았다.

좀 지나친 표현 같지만 우리 나라의 모든 교육은 오로지 대학 입시만을 위하여 존재한다.

그리하여 새로이 정부가 구성되어 교육개혁을 한다고 해도 대학입시제도의 개혁에 그 초점이 주어진다.

거의 모든 주부들에게 아이들과 집에서 얼굴 마주칠 때 제일 자주 쓰는 말이 무엇인가를 물으면 열이면 아홉은 "공부해라"이다.

그 부모들이 말하는 공부란 영어, 수학, 국어 등의 학습을 말한다. 지금 유아원이나 유치원 아이들도 영어 학습지로 '공부' 한다고 하니 참으로 안타까운 노릇이다.

우리 나라 가정 주부는 아이가 등교할 때,

"차 조심해라."

고 당부하는데 일본의 주부들은,

"남에게 폐되는 일을 하지 말거라."
하고 당부한다.

우리 나라 유아원과 유치원에서는 주로 글쓰고 낱말 익히고 셈하는 것 그리고 춤추고 노래하는 것을 주로 가르치는데 비해 일본, 독일, 미국 등의 나라에서는 협동심, 질서, 줄서기, 교통 신호 지키기 등을 주로 가르친다.

독일의 유아원에서는 글자 같은 것은 아예 가르치지도 않고 미국 캘리포니아 주의 유치원과 초등학교에서는 이른바 핵심가치(core values)를 가르친다.

미국의 조지아 주에서 초등학교 5학년을 다닌 학생의 성적표를 보면 국어, 수학, 사회, 과학/보건, 미술, 음악, 체육 이외에 사회발전이란 과목이 있다.

그 사회발전이란 과목은,
지시를 잘 듣고 따르는가,
어른이나 학생들에게 예절을 잘 지키는가,
시간을 현명하게 쓰는가,
학교와 학급의 규칙을 존중하는가,
남과 잘 협동하는가,
지나치게 말을 많이 하는 것을 삼가는가
의 여섯 가지 항목에 관하여 평가를 한다.

그네들은 민주시민으로서 갖추어야 될 기본 덕목, 즉 협동, 참여, 질서, 책임 등을 가르치는데 비해 우리는 경쟁에서 혼자 살아남는 기술과 '실력' 만을 주로 가르친다.

그러니 우리 나라 사람들은 혼자서 하는 것은 세계적으로 잘한다.

바이얼리니스트 정경화와 장영주, L.A 다저스의 박찬호 투수, 여자 프로 골퍼인 박세리 등이 대표적인 예이다.

요즘 대학생들을 보면 인물도 좋고 기본 바탕은 괜찮은데 영 기초교육이 되어 있지 않다.

선생님들께 인사도 잘 안하는 건 고사하고 공동 생활에 필요한 기본예법 조차 갖추지 못한 학생들이 많다.

요즘은 한두 자녀밖에 안 두니까 전부가 외아들 아니면 외동딸이다.

안 그래도 버릇이 없을 터인데 어려운 대학입시를 핑계로 부모들이 야단도 안 치고 계속 떠받들며 뒷바라지만 하다보니 자기밖에 모르는 이상한 인간으로 만들었다.

정치도, 경제도, 기업도 인간이 하는 것인데 이런 불량품 인간으로 어떻게 남과 경쟁할 것이며 살기 좋은 성숙된 사회를 만들 것인가 정말 가슴이 답답하다.

우리는 이제부터라도 가정에서 그리고 학교에서 남을 배려하며 더불어 살 줄 아는 인간으로 '교육' 해야 한다.

두려워 할 것은 없다

머지 않아 우리는 21세기를 맞게 된다.

21세기가 가까워짐에 따라 지구촌 전체가 불확실성으로 혼란스럽다.

경제적으로도 미국을 비롯한 몇몇 나라를 제외하고 많은 나라들이 저성장(低成長)과 대량실업 등 큰 어려움을 겪고 있다.

지구촌 전체는 산업화에 따른 환경오염과 환경파괴 탓인지 큰 가뭄과 홍수 등 자연 재해가 끊이질 않는다.

우리 나라도 IMF사태 이후 경제적으로 큰 어려움을 겪고 있어 사회 전체가 대단히 우울한 분위기이다.

요즘 졸업을 앞둔 대학생들의 얼굴 표정을 보면 밝

은 기색은 없고 어둡기만 하다.

최근 신문보도를 보면 대학 졸업자중 약 50%인 약 8만여명 정도만이 취직을 하였고 나머지 절반은 아직 일자리를 얻지 못하고 있다 한다.

몇 년 전만 해도 졸업 몇 달 전에 대부분의 학생들이 이미 취직이 약속되어 있었으므로 사은회에 나가면 여간 즐거운 것이 아니었다.

그들은 직장만 든든하면 결혼하여 자가용과 자기 집을 장만하고 해외여행을 하는 소박한 꿈을 꾸며 열심히만 살면 되었다.

그러나 지금은 그러한 꿈이 여지없이 깨어지고 불투명한 장래에 대한 불안 속에 하루하루를 넘기고 있는 젊은이들이 많다.

그러나 돌이켜 보면 우리가 여유 있고 안정된 여건 속에서 살게 된 것이 얼마 되지 않는다.

지난 10여 년에 불과하다.

내가 대학을 졸업할 때인 1960년대 초만 해도 기업다운 기업이 없었으니 은행이나 정부 외에는 취직할 만한 곳이 없었다.

그러니 제대로 직장다운 일자리를 갖게 되는 사람은

소수에 불과하였다.

그리고 당시 1인당 GNP가 100불 정도였으니 매년 봄이 되면 보릿고개라 하여 굶주리는 사람도 많았다.

그러다 보니 우리 나라 사회 전반에 패배주의가 팽배하여,

“엽전은 별 수 없어.”

“우리는 어쩔 수 없어.”

라는 자조와 자기 비하가 만연하였다.

그리고 5·16군사 혁명이 일어나고 박정희와 같은 큰 비전과 의지력이 강한 지도자와 그를 중심으로 한 개발정치세력이 등장해 경제개발을 추진하면서 사회 분위기도 서서히 바뀌게 되었다.

침체의 늪에 빠져있던 우리 국민들은 모든 부문에서 열심히 숨돌릴 틈도 없이 바삐 뛰면서 이제는 무엇이든 ‘하면 된다’는 지나친 자신감과 오만이 싹트기 시작했다.

우리사회는 극도의 비관주의에서 극도의 낙관주의 무드로 빠져들게 되었다.

그러나 돌이켜보면 지나친 비관주의도 버려야 할 것이지만 지나친 낙관주의도 경계해야 할 것이었다.

단군 8조교에,

"하늘이 무너져도 솟아날 구멍이 있다."
라는 가르침이 있다.

독일 속담에,

"사람이 돈을 잃으면 조금 잃는 것이고 건강을 잃으면 상당히 많은 것을 잃는 것이며 용기를 잃으면 모든 것을 잃는 것이다."
라는 말이 있다.

우리가 두려워하고 경계할 것은 어려움에 처하여 용기를 잃고 실의에 빠지는 것이다.

토인비도 세계의 여러 문명 가운데 망하지 않고 존속하고 더욱 번영하는 것들은, 시련을 당하여 좌절하지 않고 적절히 대응하는 문명들이라고 했다.

그리고 문명의 발전에서 중요한 것은 '창조적인 소수'라 했다.

우리 나라 속담에도,

"윗물이 맑아야 아랫물이 맑다."
는 말이 있듯이 사회의 소수 지도계층이 용기와 창의력을 잃지 않고 어려운 사태에 냉철히 대응하면 그 어떤 어려움도 극복될 것이다.

시련과 어려움을 통하여 한 개인도 그러하지만 사회도 더 지혜로워지고 더욱 성숙하게 된다.

나는 체험을 통하여,

"뜻 있는 곳에 길이 있다."

고 믿는다.

내가 대학교수가 되고자 마음먹었을 때 나를 대학교수 시켜주겠다는 사람은 아무도 없었다.

나는 막연히 대학교수가 내 적성에 맞을 것 같았고 또 젊은이들을 교육하고 학문을 연구하는 일이 보람있을 것 같아 대학교수가 되리라 결심하였고, 그 뜻을 세우고 찾다보니 여러분들의 도움으로 결국 대학교수의 꿈을 실현할 수 있게 되었다.

미국 유학 갈 때도 마찬가지였다.

자비로 갈 형편이 아니었지만 꼭 가겠다고 뜻을 세우고 백방으로 길을 찾다 보니 결국 그 꿈이 이루어졌다.

한 개인의 일생이 그렇듯이 한 사회도 그 사회를 이루는 우리들이 공동으로 만들어 나가는 것이다.

우리 모두가,

"해보아도 안될 것이다."

라는 패배의식에 빠져있으면 결국 아무리 해도 안되지만,

"우리는 다시 해낼 수 있다."

고 굳게 믿고 일어서면 그대로 실현될 수 있다고 나는 믿는다.

1930년대의 극심한 경제공황으로 좌절과 실의에 빠져 있는 미국인들에게 루스벨트 대통령은,

"우리가 두려워할 것은 두려움 그 자체 이외에는 아무 것도 없다(there is nothing to fear but fear itself)."

고 외쳤다.

루즈벨트는 다 알다시피 소아마비라는 병마와 싸우면서 두려워할 것은 실체가 없는 두려운 마음 그 자체라는 것을 스스로 체험하였다.

이것은 IMF사태로 불안에 떨고 있는 우리들이 잊지 말아야 할 명언이다.

유마경에서,

"생사에 두려움이 있는 사람은 무엇에 의지해야 합니까?"

하고 문수사리가 물었다.

유마거사는,

"부처님 공덕의 힘에 의지해야 하고 부처님 공덕의

힘에 의지하려면 마땅히 중생을 구제하는 일에 전념해야 한다."
고 대답하였다.

남을 살리는 것이 자기도 사는 길이다.

꿈을 갖자

요즘 IMF사태로 경제 여건이 어렵게 되자 꽤 많은 크고 작은 기업들이 도산하였고 그나마 살아남은 기업들은 구조조정을 한다고 많은 사람들을 정리해고 함에 따라 갈수록 실업은 늘고 젊은이들의 취업은 그야말로 하늘의 별따기 만큼이나 어렵다.

그래서 요즘 강의실에서 대학 4학년 학생들의 표정을 보면 어둡기 짝이 없다.

나는 그들에게 희망과 용기를 잃지 말라고 당부하는 말을 의도적으로 자주 한다.

여건이 어려울 때일수록 우리는 꿈을 가져야 한다.

사람이 동물과 다른 것은 인간은 꿈을 꿀 수 있는

동물이란 점이 아닐까 한다.

그러나 꿈을 가진 사람은 아무리 현실이 어렵더라도 희망을 버리지 않는다. 그는 우선 눈빛부터 다르다.

꿈이 없는 이의 눈은 죽어 있다.

사람은 한 세상 살아가면서 누구나 크고 작은 "꿈"을 갖고 살아간다.

꿈을 실현하느냐 못하느냐도 중요하지만 보다 중요한 것은 꿈이 있느냐 없느냐 이고 그 꿈의 실현을 위하여 열심히 살고 있느냐 아니냐 이다.

나도 젊었을 때 꿈이 있었다.

중학생일 때까지만 해도 나는 소설가가 되는 것이 꿈이었다.

그래서 꽤나 많은 소설을 읽었다.

그때는 6.25동란 중이었고 우리 가족은 강원도 주문진에서 피난 생활을 하고 있을 때라 소설을 사볼 수 있는 형편이 아니었다.

그래서 마침 신문사 지국을 함께 하고 있는 우리 집 앞의 서점 주인에게 그 서점의 책을 마음대로 볼 수 있는 조건으로 무료로 신문배달을 하겠다고 제안했다.

그 주인도 좋다고 승낙하여 그때부터 나는 1년 가까

이 매일 아침 신문을 배달하고 그 서점의 책을 빌려다 읽었다.

그 덕분에 국어 과목에 참으로 많은 도움을 받았다.

이광수의 <흙>을 읽고는 변호사가 되는 것이 고등학교 때 나의 새로운 꿈이 되었고 그 꿈을 쫓아 결국 나는 법과대학에 진학하게 되었다.

그러나 대학 2학년이 되어 민사법 계통의 공부가 나의 적성에 잘 맞지 않는다는 것을 깨닫게 되었다.

그리하여 나는 장차 외교관이 되겠다는 새로운 꿈을 갖기에 이르렀고 그때부터 그 꿈의 실현을 위하여 시험 준비를 꽤나 열심히 하였다.

그러나 대학 4학년 때 시험기간 중 급성맹장 수술을 받게 되어 시험 칠 기회를 놓치고 졸업과 동시에 새로 설립된 서울대 행정대학원에 진학하게 됐고 군에 입대하면서 나의 외무고시의 꿈은 깨어지고 말았다.

제대 후 대학교수의 길로 들어섰지만 지금 와서 그 때의 일을 돌이켜 보면 그러한 꿈이 있었으므로 나의 젊은 시절은 보람있었고 아름다웠다.

옛 선비들은 이러한 꿈을 입지(立志)라 했다.

선비가 되려면 우선 큰 뜻을 세우고 그 뜻을 펴기

위하여 공부를 했다.

나의 스승 한 분은 젊은 사람들은 인생을 적어도 10년 앞을 내다보고 설계를 해야 한다고 말씀하셨다.

나는 그분의 가르침에 따라 적어도 10년 이상의 장래를 내다보면서 나의 인생을 설계하는 버릇을 갖게 되었다.

내가 대학교수가 되려고 공부하면서 어떤 분야를 나의 전공으로 할 것인가를 정할 때도 10년 후에 다가올 우리 나라의 도시 문제를 염두에 두고 그 분야를 택하였다.

요즘 대학생이라면 그들의 활동무대는 21세기의 첫 20~30년이 될 것이다.

그때 세계는, 특히 우리 한국 사회는 어떤 모습의 사회일 것이며 그 시대가 필요로 하는 지식은 어떤 것일까, 어떠한 사람들을 특히 필요로 할 것인가를 가슴에 안고 진지하게 씨름해 보아야 할 것이다.

불교에는 일체유심조(一切唯心造) 즉,
"모든 것은 우리 마음이 만든 것"
이라는 가르침이 있다.

나의 장래도 나의 운명도 결국은 내 마음먹기에 달

렸다.

이러한 입장에서 보면 각자의 운명은 곧 자기가 만들어 나가는 것이다.

범인은 타고난 운명과 팔자대로 산다. 남의 사주 팔자를 봐주고 먹고사는 사람들은 이러한 범인들이 있으므로 해서 존재한다.

그러나 비범한 이들은 스스로 운명을 만들어 나간다.

우리 선생님도 늘 그런 말씀을 하시지만 수동적으로 운명의 장난에 놀아나기보다는 적극적으로 자기가 쓴 시나리오대로 살아 나가야 한다.

그렇게 하려면 일체유심조의 가르침을 굳게 믿고 순일무잡(純一無雜)한 마음을 갖도록 마음 공부를 해야 한다.

한 나라의 재상이나 대통령의 지위에 오른 이들, 정주영 명예회장같이 적수공권으로 큰 사업을 일으켜 성공한 분들, 이 모든 이들은 우연히 그렇게 된 것이 아니라 큰 꿈을 가졌으므로 그런 좋은 결과를 얻었을 것임에 틀림없다.

꿈 이야기를 하니 특히 생각나는 것이 있다. 1963년 8월 28일 워싱턴 시 링컨 기념관 앞에서 행한 마틴 루터 킹 목사의 '나는 꿈을 가지고 있다(I have a dream)'

는 민권 운동 행진을 위한 모임에서의 명연설이다.

"언젠가 미국이 잠에서 깨어나서 모든 사람들이 평등하게 창조되었다는 자명한 진리를 깨닫고 실천하는 날이 오는 꿈을 나는 가지고 있다.

그리고 언젠가 옛 노예의 자녀들과 노예의 옛 주인의 자녀들이 조지아의 붉은 언덕 형제의 식탁에 함께 앉을 수 있는 날이 오는 꿈을 나는 가지고 있다."
는 그의 연설은 많은 이들의 심금을 울렸고 많은 이들로 하여금 그러한 꿈과 희망을 갖게 하였다.

개인의 삶에 있어서도 꿈이 있어야 되겠지만 한 나라 한 민족, 특히 그 나라의 최고 지도자가 꿈을 가지고 있어야 발전할 수 있다.

박정희 대통령은 꿈이 있었기에 혁명을 했고 우리나라 근대화의 기틀을 만들어 놓았다.

꿈이 없는 인생은 활력 없는 삶이지만 결국 사람은 일생 중 언젠가는 또한 꿈에서 깨어나야 한다.

젊어서는 꿈이 있어야 하고 나이 들어서는 결국 '꿈'에서 깨어나야 한다.

인생 자체가 또 하나의 덧없는 '꿈'임을 알아야 생의 실상을 알게 되는 것이다.

5. 우리의 것을 소중히 사랑하자

건강하고 장수하려면

사람들은 누구나 건강하게 그리고 가능하면 오래 살기를 원한다.

특히 요즘같이 먹고사는 일이 어느 정도 해결되고 또 소득 수준도 높아지니 거의 모든 사람들이 건강에 큰 관심을 갖는다.

그래서 요즘 건강에 좋다는 약품이나 건강식품들이 인기를 얻고 불티나게 잘 팔리며 사람들이 주말만 되면 그리고 심지어는 주중이라도 틈만 나면 골프나 테니스 또는 등산을 위하여 산과 들을 누비고 다닌다.

또 재정적으로 여유가 있는 사람들은 헬스클럽에 거의 매일 나가서 조깅도 하고 자기에게 맞는 여러 가지 운동을 하면서 땀을 흘린다.

요즘같이 모든 것이 바삐 돌아가는 생활 속에서 운동으로 땀을 흘리고 스트레스를 푸는 것은 안하는 것보다는 좋은 일이지만 이러한 육체운동 일변도의 건강 유지 방법에는 한계가 있음을 알아야 한다.

그런데 우리 주위를 보면 평상시 별다른 운동은 전혀 하지 않고 그저 그날그날 열심히 사는 것만으로도 건강하고 장수하는 분들이 상당히 많다.

내가 아는 어떤 교수의 아버님은 지금 96세가 되시는데 그동안 별 운동을 하시지 않았어도 아직 건강하시고 장수하신다. 우리 어머님 역시 91세로 지금까지 운동 같은 것 안 하시고 사시지만 그만하면 아직까지는 맑은 정신에 건강하고 장수하시는 편이다.

이런 분들을 주의 깊게 관찰해 보면 몇 가지 공통점이 있다.

첫째는 큰 욕심이 없다.

그저 맡은 일을 열심히 하지만 헛된 욕심을 부리는 일 없이 순리대로 사는 분들이다.

둘째는 건강하려고 남달리 애쓰는 일이 없다.

그래서 건강하기 위하여 운동 같은 것을 하려고 구

태여 애쓰지 않는다.

그런 분들의 입장에서 보면 사실 요즘 사람들같이 육체적 건강에 너무 집착하는 것도 큰 병이라면 큰 병이다.

집착하여 좋을 것은 없으니 말이다.

셋째로 그런 분들의 식생활을 보면 특별할 게 없는 보통 음식이다.

우리 어머님만 해도 되는 대로 드시는데 굳이 말한다면 조식(粗食)에 가깝다. 그 옛날 못살던 때 태어나 젊은 시절을 보내셨으니 옛 습관대로 자신다.

이외에도 우리 어머님의 생활은 매우 단순하고 규칙적이다. 보행이 자유롭고 힘이 있으셨을 때는 30여년 다니시던 진관사에 정해진 날짜에 꼭 가셔서 불공참례도 하셨다.

그러나 요즘은 매일 아침이면 집에서 정해진 시간에 염불만 하시는데 그 정성스러움에 우리는 오직 놀랄 뿐이다.

옛말에,

"지혜로운 사람은 몸보다는 마음을 다스리고 어리석은 사람은 몸은 다스리나 마음을 다스리지 아니한다."

고 하였다.

그것은 마음을 안 다스리고(不調心) 몸만 건강하게 하려 해보았자 별 소용이 없기 때문이다.

내가 잘 아는 황준식 박사는 상당히 많은 병이 마음에서 오는 병(心因性病)이라고 한다. 이것을 바꾸어 말하면 마음만 잘 다스리면 많은 병을 고치고 예방할 수 있다는 얘기다.

그러한 예는 우리 주위의 건강하고 장수하는 분들에게서 발견할 수 있다.

그러니 건강하려면 마음 다스리는 일이 무엇보다 중요함을 알고 그러기 위해 애쓸 일이다.

그러나 정말 안타까운 건 몸을 함부로 굴리고 헛된 욕심으로 정신없이 살다가 몹쓸 병에 걸려 고생하거나 요절하는 경우이다.

내가 아는 분의 사촌은 회사에서 너무 '열심히' 일하다 암에 걸려 젊은 나이에 죽게 되었는데, 죽기 얼마전 병상을 찾아갔더니 그동안 자기가 왜 그렇게 정신없이 살았는지 모르겠다면서 그렇게 후회하더란다.

내가 아는 후배 한 분은 일을 너무 지나치게 열심히 하여 건강을 해치고 요즘 고생한다.

지나침은 모자람만 못하다.

일을 자기의 분에 넘치게 맡아 하는 것은 그 일이 아무리 좋은 일이라 할지라도 과욕임에 틀림없고, 과욕은 역시 좋은 것이 못된다.

자기의 능력에 알맞게 할 때 일하는 사람도 즐겁고 또 그것을 보는 이들도 즐겁다.

늘 일에 지쳐 있는 가장을 바라보는 아이들이나 부인들은 가장이 혹 쓰러질까봐 불안하고 걱정한다.

그 아이들을 다 교육시키고 결혼시킨 다음 그들이 행복하게 사는 모습도 보면서 부부가 여생을 편히 지내다가 나무가 다 타서 재가 되듯 가야 하지 않겠는가.

무엇보다 이상적인 것은 마음과 몸을 함께 다스리고 닦는 것이다.

중국 사람이 쓴 <주역강의>란 책에 이런 말이 있다.

"도를 닦는 사람이 명(命)만 닦고 성(性)을 안 닦으면 성인이 될 수 없고 성만 닦고 명을 안 닦으면 큰 병이다."

성명쌍수(性命双修) 즉 몸과 마음을 다 함께 닦아야 한다는 말이다. 참으로 옳은 말이다.

일부 스님들같이 몸은 돌보지 않고 마음 닦는다고

좌선만 하여 건강을 상하고 오히려 그로 인하여 마음 닦는 일을 포기해야 하는 경우도 있으니 말이다.

그러면 어떻게 하는 것이 심신을 함께 다스리는 길인가?

그 해답은 그동안 동양에서 사용하여 그 효능이 증명된 것에서 찾아야 한다.

나의 동료 교수 한 분은 한동안 당뇨로 건강이 나빠져 고생하였는데, 지금은 요가 수행으로 심신의 건강을 다시 찾고 활기 있게 살아가고 있다.

나의 경험으로는 태극권도 권해 볼 만하다. 태극권은 시간도 많이 걸리지 않아 좋고 심신의 건강에 탁월한 효과가 있다.

또 한 가지는 우리 선생님이 많은 이들에게 권하는 것인데 불교식으로 절하는 것이다.

나는 오체투지(五體投地)하면서 108배, 324배 또는 그 이상 매일 절하는 사람들의 심신(心身)이 어떻게 달라지는가를 자주 보았다.

3,000배를 하는 사람의 하기 전 모습과 한 후의 모습을 TV에서 보고 그 변화에 깜짝 놀랐다.

절 이외에 그 어떤 방법이 사람의 마음과 얼굴 모습을 그렇게 짧은 시간에 바꾸어 놓을 수 있을까. 아마 없을 것이다.

그 이외에 참립공(站立功)이란 수련법이 있지만 이것은 성내경 저 <꿈에서 나는 이와 같이 들었다>를 참조하기 바란다.

나 스스로는 할 수만 있다면 할 일 다하고 적당한 때에 죽는 것이 좋다고 생각하지만 장수를 원하는 많은 이들을 위하여 여기 부처님이 말씀하시는 장수의 비결을 인용하면서 끝을 맺을까 한다.

열반경에서 마하가섭이,

"어떻게 함으로써 장수(長壽), 불괴의 몸을 얻을 수 있습니까?

어떻게 함으로써 연꽃과 같이 더러운 세상에 있으면서 더러워지지 않고 번뇌 가운데 있으면서 물들지 않을 수 있습니까?"

하고 부처님께 여쭈어 물었다.

이에 대하여 부처님은,

"장수를 얻고자 할진대 마땅히 일체중생 생각하기를 외아들을 생각하듯이 하며 대자(大慈), 대비(大悲), 대희(大喜), 대사(大捨)의 마음을 가져야 하느니라."

고 부처님께서 설하셨다.

자비희사(慈悲喜捨)는 사무량심(四無量心)으로 남에게 즐거움과 행복을 주려는 마음, 남의 고통을 벗겨주고 덜어주려는 마음, 다른 이들이 고통을 여의고 행복을 얻고 성공하는 것을 기뻐하는 마음, 그리고 모든 것에 대한 탐욕과 집착을 버리고 모든 사람과 현상을 차별 없이 평등하게 대하는 마음을 말한다.

이어서 부처님은,

"보살이 장수(長壽)함을 얻으려면 마땅히 모든 중생을 아들처럼 보호하며 대자, 대비, 대희, 대사의 마음을 내어 살생하지 않는 계행을 일러주고 선한 법을 가르치며..... 고통받는 중생들을 제도하여 해탈하지 못한 이를 해탈케 하고......

공포에 떠는 모든 중생들을 위로하나니 이런 업을 짓는 인연으로 보살의 수명이 길고 지혜에 자재하며 목숨을 버리고는 천상에 나게 되느니라."
고 말씀하셨다.

태극권(太極拳)

내가 태극권을 시작한지도 10년 가까이 된다.

그러나 태극권을 알게 된 것은 그 보다 훨씬 전의 일이다.

1976년 캐나다 벤쿠버에서 UN Habitat 회의가 있어 나는 캐나다 정부의 초청을 받고 그곳에 갔었다.

태국의 방콕에서 비행기로 캐나다 동부의 헬리팍스에 도착하여 서부를 횡단하면서 여러 주(州)의 주요 도시를 방문하였다.

몬트리올, 오타와, 에드몬튼 등 여러 곳을 들러 벤쿠버 시에 도착하여 하비타트 포럼에 매일 참석하면서 재미있는 나날을 보냈다.

하루는 호텔 방에서 호텔 앞의 잔디공원을 내려나보니, 웬 젊은이가 꿈속에서 춤을 추듯 느린 동작으로 운동을 하는데, 마치 천사의 춤같이 너무 아름다웠다.

그때는 그것이 무엇인지 전혀 몰랐다.

그러나 귀국하는 비행기에서 기내에 비치된 잡지의 글을 읽다 그것이 바로 중국어로 타이치(太極)라는 것을 알게 되었다.

그 후 우연한 기회에 지금의 태극권 선생님을 만나게 되어 태극권을 수련하게 되었다. 우리 가족 모두 배웠다.

우리는 선생님으로부터 태극권을 수련하게 된 것을 큰 축복으로 여기고 있다.

그것을 시작할 무렵 나는 건국대학교 초대 의대학장을 지내신 이인성 박사에게 상의한 적이 있다.

그분은 그때 이미 태극권을 시작한지 25여 년이 되었다.

그분은 나에게,

"참 좋지요. 하고 나면 마치 신선이 된 기분이지요. 그리고 밤새도록 걸어도 힘들지 않습니다."
하면서 해보라고 권하였다.

이 박사의 말에 의하면 운동에는 두 가지 종류가 있다고 했다.

하나는 우리 대부분이 운동이라 생각하는 '힘쓰는' 운동이다. 권투 · 야구 · 축구 · 골프 · 태권도 · 테니스 등이 다 여기에 속한다.

그분의 말로는 힘을 100만큼 쓰면 얻는 힘은 그것의 2~3%밖에 없다는 것이다.

다른 한가지 운동은 '힘을 얻는' 운동이다. 태극권이 여기에 해당한다. 그것은 힘을 조금만 쓰고도 그것의 몇 배에 해당하는 힘을 얻는다.

그 후 태극권을 하면서 이 박사의 지적이 모두 사실이라는 것을 알게 되었다.

태극권에는 여러 가지가 있지만 나는 특히 아주 부드럽고 유연한 양가식을 좋아한다.

태극권은 움직이는 선(禪)이다. 손, 발, 몸의 움직임, 즉 모든 동작을 의식하면서 하기 때문에 일종의 '위파사나'이다.

내가 미국 샌디애고에서 1년간 교환교수로 있을 때 매일 공원 잔디밭에서 태극권을 했다.

그것을 보고 미국인 부부, 나이든 의사, 한국인 학생

등 관심있는 몇 사람이 배우겠다고 부탁하여, 가르칠 자격은 없었지만 몇 개월 동안 가르쳐 주었다.

미국인 부부는 두 사람 다 컴퓨터와 관계된 일을 하고 있었는데, 하루종일 그 앞에서 전자파를 받으며 일하다 보니 등과 어깨에 통증이 있어 늘 고생했었는데 태극권을 시작하고부터 없어졌다면서 신기해했다.

생명의 본질은 부드러움이다.

갓난아기들은 얼마나 부드러운가. 그러나 점점 나이 들어 늙으면 뼈와 몸이 굳어 결국 죽게 된다.

이른봄에 채 녹지 않은 굳은 땅을 뚫고 솟아나는 새싹은 부드럽기 한이 없다. 그렇게 부드러운 것도 자라서 굳어지고 죽을 때는 바싹 말라죽는다.

이런 입장에서 보면 몸을 굳게 만드는 운동은 좋은 것이 아니다.

요즘 미국에서 그리고 우리 나라에서도 헬스클럽에 가서 근육 다지는 운동들을 많이 한다. 그것이 겉모양 내는데는 좋을지 몰라도 건강에는 안 좋다.

노자(老子)는 부드러움이 강한 것을 이긴다고 말했다.

몸도 부드러워야 하지만 마음도 유연해야 한다. 마음이 닫혀 있고 고집스러우면 따라서 몸도 굳는다.

노인들이 고집불통인 것은 이미 죽음을 가까이 두고 있음을 의미한다.

그래서 어떤 선사(禪師)는 유연심이 곧 도(道)라고 했다.

우리 선생님의 태극권을 보면 큰 감동을 받을 때가 자주 있다.

어떤 사람은 그것을 보고 소리 없이 눈물을 흘리기도 한다. 나도 한 번은 진한 감동을 받고 눈물이 날 뻔한 적이 있었다.

그분은,

"권(拳)이 곧 불법(佛法)이다."

고 말씀하신다.

그리고 자비심, 공, 무위 등 여러 가지를 태극권으로 표현한다.

그래서 그것을 보면서 문득 어렸을 때의 동심이 되기도 하고 큰 감동을 받게 된다.

마음이 비어 있고 자비심으로 차 있는 이의 태극권일수록 더욱 아름답고 큰 감명을 준다. 천사의 마음이면 그의 태극권은 곧 천사의 춤이다.

음과 양의 주기적 변화

이른 봄날 아침 일찍 일어나 부근 야산으로 산책을 나갔다. 늘 하던 습관대로 별 생각 없이 나갔는데 그날은 새 소리도 들리고 길가에 핀 꽃도 새롭게 보였다.

저 동쪽 하늘에 해가 솟구치면서 사람들의 활동은 더욱 활발해지고 날짐승들도 깊은 잠에서 깨어나 먹이를 찾아 바삐 움직인다.

간밤에 오므라들었던 나팔꽃도 다시 활짝 피어 그 아름다운 자태를 한껏 뽐낸다.

정오가 되면서 인간과 자연의 활동은 극에 달하고 차츰 태양이 서쪽으로 기울어짐에 따라 모든 활동은 휴식을 향하여 서서히 줄어든다.

그리하여 해가 지고나면 거의 대부분의 인간과 동식물은 활동을 멈추고 휴식상태로 들어간다.

활짝 피었던 꽃도 다시 움츠리고 오므라든다.

새들도 다시 둥우리를 찾아 돌아간다.

사람들도 일을 멈추고 일터와 직장에서 귀가길을 재촉한다.

밤이 깊어지면 사람들은 잠자리에 들어 깊은 잠에 빠진다.

그리고 새벽이 되면 누가 깨우지 않아도 잠에서 깨어 눈뜨게 된다.

그리하여 또 하루의 사이클(cycle)이 반복된다. 아침이 되면 세포가 어떻게 알아차리고 신장과 대장에서 체내의 노폐물을 몸 밖으로 내보낸다.

그리고 그들이 활동을 개시함에 따라 몸은 에너지를 필요로 하는 만큼 아침밥을 먹게 되고 활동의 정점인 정오에는 점심을 먹게 된다.

저녁은 세포가 활동을 멈추고 휴식을 취할 때인 만큼 에너지 섭취를 위한 저녁밥은 안 먹어도 좋으련만, 우리의 습관 때문인지 아니면 식욕을 채우기 위함인지, 저녁을 많이 들고 쓸데없이 살만 찌고 또 살뺀다고들 야단법석이다.

지상의 모든 동식물은 거의 전부 태양 움직임의 주기에 맞추어 활동과 휴식을 반복한다.

달의 사이클에 맞추어 생활하는 것들도 있다. 어떤 곳의 바다에서 잡은 조개를 다른 곳에 옮겨다 놓아도 달의 사이클에 맞추어 입을 벌렸다 오므렸다 반복한다.

태양이 동쪽에 떠오르면 지상에는 양(陽)의 기운이 커지고 따라서 활동도 활발해진다.

그러나 해가 지면 반대로 음(陰)의 기운이 점점 커지고 만물은 휴식으로 들어가게 된다.

사람의 경우 저녁 9시경에 잠자리에 들고 새벽 3시경에 일어난다면 음양의 주기에 잘 맞는 활동과 휴식의 주기가 될 것이다.

그러나 전기불의 덕택으로 인간 활동의 시간은 더욱 연장되어 휴식의 절정기인 자정을 지나서 활동이 서서히 시작되는 시점에서 잠자리에 들어가게 되니, 휴식이 제대로 되지도 않고 수면은 항상 불충분하다.

그리고는 불면증이라면서 수면제를 복용해대니 얼마나 자연의 도에서 멀리 이탈해 있는지 알 수 있다.

우리 나라 사찰에서도 대개 3시경 예불의 시작으로 하루일과를 시작하고 밤 9시경에 끝마친다.

남방의 수행스님들, 그리고 우리 나라에서도 어떤 스님들은 오후 불식이라 하여 음식을 오전에 한 두끼만 드신다.

태양의 주기에 잘 조화된 자연스러운 생활이다.

이런 점에서 본다면 전반적으로 현대인들은 늦게 자고 늦게 일어나서 쉴 때 활동하고 활동해야 될 때 휴식을 하는 극히 조화롭지 못한 생활을 하고 있는 셈이다.

음식물의 섭취도 필요치 않을 때 섭취할 뿐 아니라 필요이상 섭취하여 여러 가지 성인병을 만든다.

일년의 주기도 매한가지다.

봄에는 양의 기운이 차츰 커지다가 음양이 같은 춘분을 지나면 음의 기운은 점점 쇠퇴하고 양기가 점점 커져서 신록이 우거지고 무성하다.

동식물의 활동 또한 극성스럽다. 4~5월에 학생들의 데모가 얼마나 극성스러웠는지를 보면 곧 이해된다.

양이 극에 달하는 때가 하지이고 그 후부터는 음양의 기운이 역전되어 다시 양이 후퇴하고 음이 점점 증진된다. 가을이 되고 겨울이 되어 동지에 이르면 음이 극에 달하여 긴 겨울이 된다.

지금은 공업과 상업이 경제활동의 주종을 이루니까

지구가 태양을 일주하면서 일어나는 계절의 주기적 변화에 덜 민감하지만 농업을 주로 했던 농경사회에서는 사람들의 일년 생활을 지구의 일년 공전 주기에 맞추어야 했다.

봄에 씨뿌려야 여름에 기르고 가을에 거두기 때문이다.

하루의 생활이 리듬을 잃으면 그 고통은 하루에 끝나지만 일년의 주기에 맞추지 못하면 일년 농사를 망치고 고통받는다.

그러고 보면 사람의 일생도 그와 같다.

유년 시절에는 잘 보양하여 청년기에 활동이 극에 달하고 노년에 늙어 죽음이라는 종착점에 도달한다.

농부가 게을러 씨뿌릴 때 씨뿌리지 못하면 1년 농사를 망치듯이 젊은 시절에 공부와 할 일을 게을리 하면 한 평생을 망친다. 농부는 다음 해를 기약할 수 있지만 한 번 망친 인생은 언제 또 기약하겠는가.

동양의 주역사상은 신비스럽기도 하지만 많은 교훈을 준다.

동짓달은 지음이기 때문에 주역의 곤위지괘 즉 ☷에 해당한다. 함장가정(含章可貞)이라 무한한 가능성을 안에 간직한 채 양의 기운을 기다린다.

그 다음 달이 지뢰복(地雷復)괘 ䷗ 이다. 일양래복(一陽來復), 하나의 양이 다시 돌아왔다.

이 때는 성문을 굳게 닫고 상인도 출입을 삼가하고 왕도 지방순시를 하지 않는다 했다. 그것은 활동하기에 조건이 더 좋은 때를 기다리기 위함이다.

운이 바닥에서 이제 겨우 호전되는 기미가 있을 때는 아직 섣불리 움직일 때가 아니다.

소년은 이제 싹튼 양을 보육하고 또한 확고히 자리 잡힐 때까지 함부로 쓰면 안된다.

그러므로 옛날 우리 선조들은 일찍 결혼은 시키지만 허락된 날 이외에는 부부가 함부로 합방(合房)치 못하게 했다. 나이 어린 왕이 예쁜 궁녀들 치마폭에 싸여 과색(過色)하다 요절하는 경우를 역사에서 많이 볼 수 있다.

춘분 때는 지천태(地天泰)의 괘 ䷊ 로써 음양이 조화를 이루어 만물이 생성하는 태평한 때이다.

생성된 만물은 점점 증장하여 양이 극에 달한 하지 즉, ䷀ 건위천괘에 이르면 곧 쇠퇴하게 된다.

만물이 극성(極盛)하면 곧 쇠(衰)한다. 높은 곳에 오르면 곧 내려가야 하고 달이 차면 기운다.

운이 절정에 이르면 곧 내리막길이요 건강이 최고로 좋다 싶으면 곧 감기나 또는 다른 병이 찾아온다.

그러니 건강하고 잘나간다고 또 운이 좋다고 뻐길 일은 아니다.

이와 같이 모든 것은 시작도 없는 시작에서 끝없는 끝으로 계속 돌고 도는 것이다.

지금 IMF사태로 우리의 국운은 내리막길이다.

이제 시작에 불과하다.

내리막길의 바닥을 지나 언젠가는 다시 회복되고 상승기를 맞는다.

일본에 나라를 빼앗긴 1910년부터 1945년 해방될 때까지 35년간 우리 국운은 내리막이었다.

해방을 맞고 6·25의 과도기를 지나 1962년부터 경제개발사업을 시작하여 1997년 IMF를 얻어맞을 때까지 35년간 국운 상승기를 맞았다.

이제 다시 국운 하강기를 맞았지만 절망할 필요는 없다.

바닥에 이르면 곧 상승국면이 돌아오는 법이다. 그것을 알고 함께 협력하여야 한다.

우리의 것을 소중히 사랑하자

서양 사상은 분석적인데 반해 동양 사상은 종합적이다.

서양 사람들은 물질의 본질을 알기 위하여 분자에서 원자로 원자에서 다시 더 미세한 미립자로 계속 쪼개 들어간다.

그러나 동양에서는 일찍부터 사물을 직관으로 있는 그대로 보아 왔다. 그러니 서양식 과학은 발달시키지 못했어도 나름대로 병도 고치고 농사도 짓고 사는 지혜를 축적해 왔다.

동서양이 서로 다른 출발을 했지만 같은 결론에 도달하는 경우를 자주 보게 된다.

그러한 예의 하나가 프랙탈(Fractal)의 자기 유사성(self-similarity)의 법칙이다.

동양 사람들이 직관으로 이미 옛날부터 알고 있었던 것을 서양에서는 지금에서야 컴퓨터를 이용하여 어떤 모양이 부분적으로 계속 반복하면서 하나의 동일한 전체 모양을 만들어 가는 프랙탈의 존재를 확인하였다.

우리가 흔히 보는 산은 가운데 큰 봉우리와 낮은 두 봉우리의 모양을 하고 있다.

그런데 그 산에 가까이 가서 보면 그 산의 한 부분인 낮은 봉우리에도 또한 그 산의 전체적인 모습인 가운데 큰 것과 작은 두 개의 봉우리가 반복적으로 나타남을 본다.

나무도 부분 부분에서 전체의 모습이 계속 반복되고 있다.

호수에서 건져낸 얼음 한 조각을 홀로그래픽으로 영상 처리하면 그 호수가 얼기 전 호수면 위의 잔물결 무늬의 전체 모양을 볼 수 있다.

부분이 전체요 전체가 부분과 같다.

우리의 선조들은 우리 인체를 하나의 소우주로 보았다. 우주는 우리 인체에도 그대로 반복되어 있다.

그리하여 오장육부를 음양오행(陰陽五行)으로 나누어

병을 다스렸다.

음의 장기로서 신장은 수(水), 간장은 목(木), 심장은 화(火), 위장은 토(土), 폐는 금(金)으로 보았다.

오행의 상생(相生), 상극(相剋)의 원리에 따라 보사(補瀉)를 적절히 하여 치병(治病)한다.

우리 나라에서 발달한 것으로 특히 유명한 것이 고려 수지침술이다. 손에 침을 놓음으로서 몸 전체의 병을 다스리는 것이다.

고려 수지침술도 손이 우리 인체를 그대로 반복하고 있다는 기본 전제 위에서 출발한다.

우리 몸을 그대로 반복하는 것이 어디 손 뿐이겠는가.

발도 있고 귀도 있다. 그래서 실제로 귀침술도 있다.

건국대학교에 교환교수로 온 독일인 부부와 점심을 먹으면서 이런 저런 이야기를 나누던 중 그 부인이 귀침을 맞고서 담배를 끊었다는 사실을 알게 되었다.

그분들 얘기로는 독일에서도 침술이 꽤 인기가 있다고 한다.

주한 프리드리히 에버트 재단의 전 책임자였던 푸쉬라 박사는 그 부인이 한국에 있는 동안 고려 수지침술과 또 다른 유파의 수지침을 익혔다고 내게 말했다.

효과가 있느냐고 묻자, 그는 자기 부인이 자기의 허리디스크도 고치고 아이들의 감기도 치료해 주었다고 자랑을 하였다.

그가 한국을 떠나 이집트로 전근을 가게 되었을때, 떠나기 전에 그 부인이 시장에 나가서 쑥뜸에 사용할 쑥을 많이 사가지고 갔다고 한다.

내가 아는 어느 물리치료 담당의사 한 분은 양의지만 가끔 몰래 배운 침술을 응용하여 환자를 고친다고 내게 실토한 적이 있다.

양의이니 침을 들고 설칠 수는 없고 주사 바늘로 침을 대신한다고 했다.

꿩 잡는 것이 매이듯이 병을 치료하는 것이 제일 중요한 것이지 꼭 한 가지만을 고집할 필요는 없다.

모든 면에서 서양의 것이 판치는 요즘 아프면 무조건 양의를 찾게 된다.

나도 한때 그랬다. 혹 집에서 한약이라도 지어 주면 한두 첩 먹다가 집어치웠다.

그러나 훌륭한 한의 몇 분을 알고 부터는 한약을 자주 이용한다. 내 경험으로는 명의를 만나기 어려워 그렇지

만날 수만 있으면 많은 병을 한방으로 치료할 수 있다.

우리는 너무 오랫동안 우리 것의 소중함을 잊고 서양 것에 홀려 있다. 다시 우리의 것을 소중히 여기고 믿고 사랑할 때이다.

한 손으로 치는 손뼉소리

인쇄일 초판 1쇄 1999년 07월 15일
2쇄 2017년 02월 23일
발행일 초판 1쇄 1999년 07월 25일
2쇄 2017년 02월 25일

편 저 황 명 찬
발행인 정 진 이
발행처 새미
등록일 1994.03.10, 제17-271호

서울시 강동구 성내동 447-11 현영빌딩 2층
Tel : 442-4623~4 Fax : 442-4625
www. kookhak.co.kr
E- mail : kookhak2001@hanmail.net

ISBN 978-89-5628-443-9 *03810
가 격 8,000원

* 새미는 국학자료원 의 자매회사입니다.